U0552577

国家自然科学基金青年科学基金项目"韧性视角下'一带一路'基础设施投资中政治风险作用机制、演变及应对研究"（项目编号：72201185）

中国企业海外基础设施投资风险

作用机制及应对策略

蒋位玲 蒋远胜 陈传 曹云忠 著

中国社会科学出版社

图书在版编目（CIP）数据

中国企业海外基础设施投资风险：作用机制及应对策略／蒋位玲等著． -- 北京：中国社会科学出版社，2024．7． -- ISBN 978-7-5227-4071-3

Ⅰ．F299.24；F832.6

中国国家版本馆 CIP 数据核字第 2024SQ2997 号

出版人	赵剑英
责任编辑	车文娇
责任校对	周晓东
责任印制	郝美娜

出　版	中国社会科学出版社
社　址	北京鼓楼西大街甲 158 号
邮　编	100720
网　址	http://www.csspw.cn
发行部	010-84083685
门市部	010-84029450
经　销	新华书店及其他书店
印　刷	北京明恒达印务有限公司
装　订	廊坊市广阳区广增装订厂
版　次	2024 年 7 月第 1 版
印　次	2024 年 7 月第 1 次印刷
开　本	710×1000　1/16
印　张	13.25
字　数	201 千字
定　价	69.00 元

凡购买中国社会科学出版社图书，如有质量问题请与本社营销中心联系调换
电话：010-84083683
版权所有　侵权必究

前　言

　　基础设施对社会经济发展极为重要，该作用在发展中国家尤为明显，但这些国家往往由于本国财政有限而无法满足庞大的基础设施需求，因此跨国投资成为发展中国家基础设施建设的重要资金和技术来源。中国基建制造企业具有一定的技术优势和来自金融机构相对充裕的资金供给。与此同时，中国走出国门的企业长期采用的传统施工总承包模式的利润空间不断压缩，需要创新融资模式。因此，中国企业开始采用投融资模式介入海外基础设施项目，向产业链上游转型。但是，基础设施建设本身具有投资周期长、资产较难转移、公共性或准公共性等特点，同时，发展中国家风险往往相较一般发达国家更高，如存在制度不健全、金融环境不稳定等。因此，中国企业参与海外基础设施投资往往面临较大的风险。

　　中国企业在海外进行基础设施投资时面临着较大的风险，目前走出国门的大部分企业缺乏专门的经验，而且，现有相关研究主要集中在一般跨国投资和国际工程领域，关于海外基础设施投资中风险管理的研究极为有限，尤其是基于发展中国家和中国投资者视角的研究。这些相关研究涉及的风险管理大多基于东道国环境风险，而对基础设施系统内部特点关注不足，从而也使风险应对策略的有效性较为有限。针对这些不足，本书基于脆弱性理论就中国企业参与发展中国家基础设施投资中的风险识别和动态应对进行探究，通过问卷调查和多案例分析获取相关数据，利用 PLS-SEM、因子分析等方法就东道国风险和基础设施系统脆弱性对跨国基础设施投资的作用机制、应对策略有效性及选择等进行研究。研究结果表明：（1）基础设施脆弱性对跨国基础设施投资具有直接影响，其作用主要通过基础设施项目风险暴露因素和跨国企业的风险应对能力因素来实现。跨国企业风险应对能力对发展中国家风险作用于基础设施投资的不利影响也具有显著阻碍作用。(2) 识别出 34 项应对策略可用于中国跨国企业应对发展中国家投资基础设施项目时的风险,其中,5 项应对策略的有效性最高,即选择合适的市场和项目、与当地政府保持良好的关系、购买政治风险保险、适当地将有能力的东道国和母国的承包商与运营商结合、选择合适的投资进入模式。(3) 基于脆弱性理论和应对策略有效性,将应对策略分为四组,其中关于投资前的内部行为和外部联系的策略组是有效性最高的一组,其次是涉及项目合同、法律和与当地合作者的关系等策略组,仅仅包含降低项目层面脆弱性的策略组紧随其后,有效性最低的是包含生产资源安排和项目融资等方面的策略组。(4) 在应对策略分组基础上,进一步进行应对策略选择分析,得出了结合东道国外部环境威胁和基础设施系统脆弱性的应对策略动态选择矩阵。

本书采用脆弱性理论对发展中国家基础设施投资中风险作用机制和应对进行探究,在一定程度上填补了跨国基础设施投资中风险管理研究的不足,尤其基于基础设施系统脆弱性的风险作用机制的建立为该领域的研究作了一定的理论铺垫。同时,本研究结论也有助于中国跨国企业对海外基础设施投资进行有效的动态风险管控,助力中国企业向产业链上游转型。

目　录

第一章　绪论 ·· 1

　第一节　研究背景 ·· 1
　第二节　研究意义 ·· 4
　第三节　国内外研究现状 ··· 5
　第四节　研究内容及方法 ··· 11
　第五节　本章小结 ·· 16

第二章　相关概念及理论基础 ··· 17

　第一节　风险管理理论 ··· 17
　第二节　风险传导理论 ··· 18
　第三节　脆弱性理论 ·· 21
　第四节　FII 风险管理流程 ·· 26
　第五节　本章小结 ·· 49

第三章　变量数据收集与描述 ··· 50

　第一节　发展中国家 FII 风险变量与基础设施系统
　　　　　脆弱性变量 ·· 50
　第二节　基于发展中国家基础设施项目案例的应对
　　　　　策略识别 ·· 56
　第三节　问卷调查 ·· 63
　第四节　本章小结 ·· 70

第四章　FII 现状与发展中国家风险 …… 71

第一节　基础设施建设的历史考察 …… 71
第二节　中国 FII 现状 …… 80
第三节　中国参与"一带一路"共建国家基础设施投资现状 …… 82
第四节　FII 特点 …… 85
第五节　不同 FII 水平的发展中国家风险特点 …… 87
第六节　本章小结 …… 96

第五章　基础设施系统脆弱性对 FII 的影响 …… 97

第一节　概念模型及假设 …… 97
第二节　研究方法 …… 99
第三节　模型结果 …… 101
第四节　结果讨论 …… 106
第五节　本章小结 …… 109

第六章　应对策略有效性评估 …… 110

第一节　研究方法 …… 110
第二节　识别出的应对策略 …… 111
第三节　应对策略有效性 …… 122
第四节　本章小结 …… 136

第七章　应对策略选择 …… 137

第一节　研究方法 …… 137
第二节　应对策略分组结果 …… 138
第三节　应对策略选择 …… 139
第四节　本章小结 …… 146

第八章　研究结论与研究展望 …… 147

附　录 ·· 149
　　附录 A　相关案例资料 ··· 149
　　附录 B　研究问卷 ··· 175

参考文献 ·· 181

第一章 绪论

第一节 研究背景

基础设施是一个国家正常运行和经济发展的基础,如交通部门能促进制造业的产品运输,电力行业能为各行业提供能源,水务行业是人民日常生产和生活的必要条件等。另外,基础设施本身所涉及的建设、运营和维护等也能为社会带来更多就业和促进资源流动等,进而减少贫穷,促进国家的经济发展(Shah and Batley,2009;Xia and Song,2017)。这种作用在经济低迷期尤为显著(Zavadskas et al.,2014),如在1997年亚洲金融危机和2008年国际金融危机前后基础设施投资都有了显著的增长。因此,基础设施行业对于一个国家的经济发展举足轻重,尤其在发展中国家表现得更为显著(Hosseini et al.,2017;Jiang,Martek et al.,2019)。

从20世纪90年代起,中国在海外基础设施投资(Foreign Infrastructure Investment,FII)逐年增长,到2017年累计总额已达573亿美元(见图1-1)。追溯到20世纪90年代初,中国加入APEC,顺应区域化经济发展趋势,开始在海外部分区域进行基础设施投资。到2001年中国加入WTO之后,开始顺应经济全球化的大趋势,对外基础设施投资有了大幅度的提升,从2001年的3.07亿美元提升到2002年的29.26亿美元,增幅巨大,并保持高速增长。受2008年国际金融危机的影响,中国在海外基础设施投资于2009年增速放缓,到2010年逐步恢复。随着2013年习近平同志在出访中亚和东南亚国家期间提出"一带一路"倡议,即"丝绸之路经济带"和"21世纪海上丝绸之路",中国在海外基础设施投资开始显著增长。

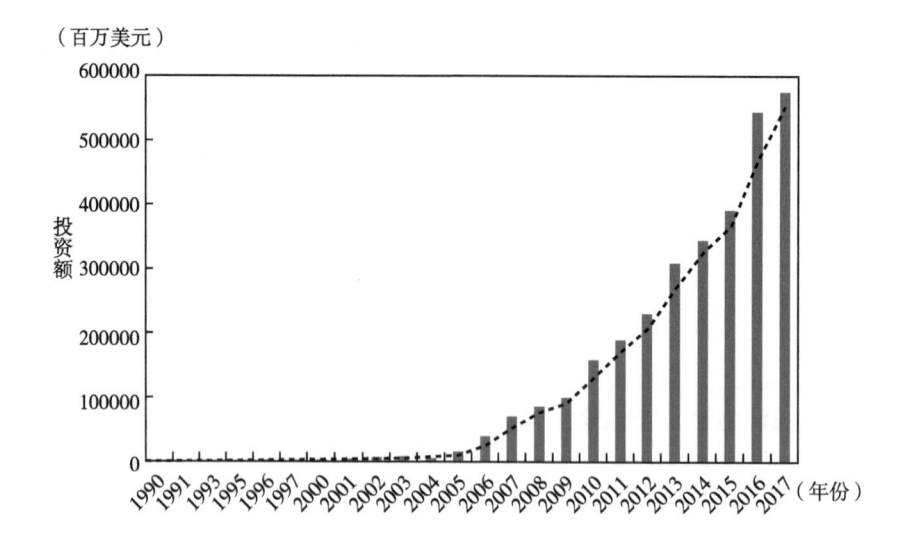

图 1-1　中国在海外基础设施投资概况

资料来源:世界银行 PPI 数据库(World Bank,2023)。

中国 FII 大多分布在发展中国家,由于发展中国家基础设施条件较为落后,且资金和技术缺口较大,尽管有多个国际金融机构为发展中国家提供融资,如亚洲开发银行、世界银行、亚洲基础设施投资银行等,但资金缺口依然难以得到弥补。对于中国企业而言,发展中国家在资金和技术上的缺口,恰恰对应了中国国内相对充裕的资金供给和中国基建制造商的技术优势。再加上,基础设施基本具备一般公共项目的公共性或准公共性,投资回收期长,传统的 EPC 模式的利润空间不断被压缩,需要创新融资模式,建立长期、稳定、可持续的融资保障体系。基于此背景,中国企业开始采用投资模式介入项目全生命周期,向产业链上游转型,通过早期介入,与政府建立互助互信的关系,降低项目风险,提高公共物品的供应效率,实现项目的价值最大化。基于此,2016 年,习近平同志在推进"一带一路"建设工作座谈会上发表重要讲话,强调要创新运用方式,完善配套服务,重点支持基础设施建设。2021年,中国"十四五"规划中也提出继续深入推进"一带一路"高质量发展,促进基础设施互联互通。

面对大量的发展中国家基础设施需求,中国出台了大量政策鼓励和支持中国企业参与发展中国家基础设施建设,尤其在"一带一路"共建国家,但中国企业在海外投资往往面临着相较国内更高的风险(陈蔚,2004;任学强,2009),尤其在经济发展不平衡、政治制度多元化的发展中国家。首先,基础设施投资本身不同于其他跨国投资,往往具有投资额较大、运营周期长、提供公共服务、政治重视程度高等特点(Kumari and Kumar Sharma, 2017;Ramamurti and Doh,2004)。这些特点使跨国基础设施投资相较一般跨国投资面临更大的风险。其次,发展中国家大多经济发展较为缓慢,社会不稳定,劳工、土地、财政、产业政策等方面的制度也不健全等,从而导致较高的风险,如法律法规风险、融资风险、文化冲突等(张鹏飞,2021)。再加上近年来越发紧张的国际形势,中国企业参与的发展中国家FII面临较大的风险挑战。因此,有效的风险管理对于中国企业在发展中国家投资基础设施极为重要(Sanchez-Cazorla et al.,2016)。

中国企业参与发展中国家FII面临较大的风险,目前走出国门的大部分企业,应对跨国基础设施投资的风险管理手段较为单一,一般采用购买保险的方式,缺乏完整的风险管理体系,而深入了解风险作用机制是降低东道国风险对FII不利影响的重要方法(Summers,2016)。现有关于东道国风险作用机制的研究大多集中于一般跨国投资和国际工程领域的风险,而针对FII风险的研究较为有限(Jiang, Martek, Hosseini and Chen,2021),尤其是发展中国家FII风险。此外,这些相关研究中仅有少量研究就东道国部分风险的产生路径和传导机制进行了探究(贾若愚,2016),缺乏直接关于风险作用机制的针对性研究。而在关于FII风险管理的相关研究中,大部分研究按照传统的风险管理流程,涉及风险识别、风险评估、风险分担及应对(Li et al.,2004)。在关于FII风险识别的研究中,大部分针对跨国投资和国际工程领域的风险进行探究,如融资风险、战乱、法律变更、文化差异、环境保护、市场需求变更等（Taghizadeh-Hesary et al.，2021；Wang et al.，2004；陶眉辰，2017），也有较为有限的研究针对 FII 中某一类别风险，如跨国基础设施投资中的政治风险（Jiang，Martek，Hosseini and Chen，2019；Ramamurti and Doh，2004）。目前，仍旧缺乏针对发展中国家基础设施投资领域中较为全面的风险因素的识别。在此基础上，有相关研究就这些风险进行了量化，如 Chang 等（2019）通过问卷调查方法对国际工程中的政治风险进行了量化。进一步地，相关研究对这些风险的管理进行探究（O'Neill et al.，2009）。这些研究大多通过文献回顾、问卷调查等方式获取这些风险的应对策略，如遵守东道国法律和环境制度，独立进行项目审查，建立东道国环境信息收集系统，通过组合投资对冲风险，与本地投资者建立合作关系等（Gransow，2015；Kardes et al.，2013；Wang et al.，2004）。总的来看，这些相关研究缺乏对发展中国家 FII 全面风险的关注，对跨国基础设施投资领域的风险管理大多遵守传统的风险管理流程和外部环境风险，未结合基础设施项目内部特点对风险产生影响的机制及应对进行充分探究。基于这些不足，本书基于脆弱性理论对中国企业投资发展中国家基础设施中的风险作用机制进行深入探究，并提出相应的应对策略。

第二节 研究意义

首先，本书对跨国基础设施投资领域中风险研究的不足可起到一定的补充作用。已有研究表明东道国风险对基础设施投资和海外直接投资流入发展中国家具有显著影响，但对于具有不同于一般跨国投资行业特点的基础设施行业，相关风险的研究较少，尚未有系统完善的成果出现。这样的学术研究现状无法跟上日趋激烈的跨国基础设施市场步伐。因此，本书针对跨国基础设施领域中的风险作用机制及应对策略进行研究，在一定程度上补充了发展中国家跨国基础设施投资领域风险研究的不足。其次，本书进一步深化了跨国投资中风险相关概念与理论在跨国基础设施投资领域的应用。在国际商业领域的风险影响研究中，绝大多数研究从宏观层面进行考虑，忽略了企业应对风险能力的影响。国际工程领域也有关于风险的相关研究，但主要从项目角度出发，对宏观环境的考虑不足。本书根据风险传导理论与脆弱性理论，结合东道国宏观环境与微观基础设施行业脆弱性就跨国投资风险作用于基础设施项目的影响进行探索。这些理论的结合有助于海外基础设施投资中风险管理研究的发展，对现有海外投资领域知识体系的完善作出贡献。

同时，本书也具有一定的实践意义，研究成果有助于中国"走出去"的企业更好地识别和应对其在海外基础设施市场中所面临的东道国风险，降低东道国风险带来的损失，实现海外基础设施投资项目全生命周期风险动态管理，帮助中国企业对在发展中国家的基础设施投资进行有效的风险管控，促进企业从传统总承包模式向基础设施项目投资方式的转型，带动企业向产业链上游转型。

第三节　国内外研究现状

发展中国家经济发展不平衡、政治制度多元化，中国企业投资发展中国家基础设施项目面临较大的风险管理挑战（Summers，2016）。明确的风险作用机制有助于提升FII风险管理的有效性，也是基础设施项目的关键成功要素（West，2019）。然而，现有相关研究大多集中于跨国投资和国际工程领域，对跨国基础设施投资领域中的风险关注较为有限，针对发展中国家的研究更是缺乏。

一　FII与风险

基础设施通常分为社会类基础设施和经济类基础设施，本书的基础设施主要指的是经济类基础设施，而依据世界银行的定义，该类基础设施主要包含交通、通信、能源和水务行业（Ramamurti and Doh，2004）。

而基础设施投资有别于其他投资，具有较大的投资体量、至少十年的运营期、与公众利益紧密相关、较高的政治重视度、较差的资产流动性、较为复杂的项目定价等特点（Bergara et al.，1998；Kumari and Kumar Sharma，2017；Ramamurti and Doh，2004），这使基础设施投资对于外部环境风险尤其是政治风险较为敏感（Jiang，Martek，Hosseini，Tamošaitienė et al.，2019；Kumari and Kumar Sharma，2017；Ramamurti and Doh，2004）。私有资本参与基础设施行业有多种形式。自20世纪90年代以来，私有资本开始大量参与基础设施投资，其中BOT是最主要的参与方式（Shen et al.，1996）。然而，很明显的是，由于基础设施投资的客户往往是政府或公众，确保私有资本的长期利润是有风险的，这也促使了基础设施私有化，越来越多地通过公私合作伙伴关系（PPP）来进行公共项目的融资（Tan，2011）。无论私有资本以何种形式参与基础设施项目，由于发展中国家政府往往资金不足或缺乏本地资金，国际投资者在发展中国家基础设施中都扮演着重要的角色（Kumari and Kumar Sharma，2017）。同时，跨国投资往往面临相较国内投资更大的政治、经济、文化等方面的差异，而这些差异所带来的风险往往会对一般跨国投资产生较大的影响。此外，发展中国家或地区往往政治复杂，宗教文化多元，社会、经济、法律制度环境具有不稳定性，经济发展水平较低（Fernando et al.，2017；Hosseini et al.，2020）。这些发展中国家环境中的威胁和不确定性对中国企业参与FII有极大的影响（Li et al.，2015）。因此，中国企业在发展中国家投资基础设施往往面临较高的风险（张水波等，2016）。

尽管发展中国家环境中的风险对于中国企业参与跨国基础设施投资影响较大，但这些风险大多未被充分探究，尤其是如何有效地应对这些风险。一些案例表明，东道国风险对中国企业进入海外基础设施行业有较大的甚至是致命的影响，尤其是在发展中国家（Jiang，Martek，Hosseini，Tamošaitienė et al.，2019；Ramamurti and Doh，2004）。

二　FII风险影响及作用机制

关于发展中国家FII的研究主要集中在以下两类。一类是外资流入发展中国家的基础设施行业的背后原因。这类研究主要出现在20世纪90年代和20世纪初外资在发展中国家基础设施行业刚开始活跃的时期。正如 Ramamurti 和 Doh（2004）提到的，随着 20 世纪 90 年代发展中国家的外商投资环境发生变化，且基础设施行业逐渐失去垄断性，政府采用各种高收益政策来吸引外资等。因此，流入发展中国家基础设施领域的外资通过创造更多工作，为其他行业提供基础等进而促进发展中国家的经济发展和减少贫穷。另一类是关于影响发展中国家 FII 的风险因素。在该研究类别中，一些研究者将重点放在 BOT 项目的风险管理（Fahad Al-Azemi et al.，2014；Kumaraswamy and Zhang，2001；Shen et al.，1996；Tam，1999；Wang et al.，1999；Wang et al.，2000），还有相当部分的研究者将重点集中在 PPP 项目的风险管理（Ameyaw and Chan，2016；Ameyaw et al.，2017；Chan et al.，2014；Ke et al.，2011；Opawole and Jagboro，2017；Osei-Kyei and Chan，2017a，2017b；Sanni，2016；Yu et al.，2018）。这些研究也识别出了影响 FII 流入发展中国家的关键风险因素，如金融风险、政治风险、建设风险、运营风险、项目回收风险、不可抗力风险、社会风险等（Hwang et al.，2013；向鹏成和盛亚慧，2020）。在一般跨国投资和国际工程领域，已出现不少关于风险影响的研究，根据传统风险管理相关理论，评估风险影响是进行有效风险管理的重要环节（Jiang，Martek，Hosseini，Tamošaitienė et al.，2019）。因此，若要降低东道国风险对 FII 的不利影响，则需对发展中国家 FII 影响较大的风险因素及其影响程度进行识别和评估。在此基础上，也有少量研究就部分风险因素对发展中国家 FII 产生的影响程度进行了进一步探究，如 Jiang、Martek、Hosseini 等（2019）就东道国风险中的政治风险因素对发展中国家 FII 的影响程度进行了量化。

尽管发展中国家环境中的风险对 FII 的重要影响已经被相关研究识别，但这些研究极少有专门针对发展中国家 FII 的风险作用机制进行探究。而东道国风险对 FII 的作用机制是进行有效风险管理的前提，即东道国风险是如何传导并作用于 FII，对其产生影响的。同时，传统的风险理论更加注重外部环境风险，忽略了风险接受者本身的弱点及应对能力（贾若愚，2016）。根据脆弱性理论，这些风险因素产生的后果往往是系统内外各种因素之间相互作用的结果（Vogel and

O'Brien，2004），仅环境威胁是无法造成破坏或损失的，只有当其作用的对象系统具有漏洞时，才会产生风险后果（Birch and McEvoy，1992）。因此，东道国环境风险会对发展中国家 FII 产生影响，一方面是由于外部环境中的风险事件或威胁；另一方面也与 FII 行业内部所具有的脆弱性紧密相关。但相关研究大多就东道国外部环境中的风险因素进行识别（王树文，2016；向鹏成等，2022），而对影响这些风险因素产生后果的基础设施项目的系统内部因素探究不足。在国际工程领域，有相关研究就东道国环境中部分风险因素的传导机制和作用路径进行了探究（贾若愚，2016）。尽管如此，专门针对东道国环境风险对 FII 的作用机制的研究仍极为有限。

三　FII 风险管理

依据风险管理理论，工程项目中的风险管理流程主要涉及识别、评估、处理、监控等环节（Zhai et al.，2021；黄正谦，2022）。目前，关于跨国基础设施投资风险管理的研究，大多遵循了传统的风险管理流程（刘家国，2021）。

传统的风险识别方法主要包括风险分解结构法（Anantatmula and Fan，2013）、德尔菲法、头脑风暴法（Chapman，1998）、核查表法（王超俊等，2016）、事件树分析法等。但这些方法的使用或无法实现动态识别过程或对历史数据有较高的要求或不能用于探索无法预知或不明朗的剩余风险。基于以上风险识别方法，不少学者对基础设施项目所涉及的风险进行了识别，但这些风险识别大都立足于境内基础设施项目或国际工程，如金融风险、政治风险、建设风险、运营风险、项目回收风险、不可抗力风险、社会风险等（Hwang et al.，2013；向鹏成和盛亚慧，2020）。从风险层次上，可分为宏观、中观、微观（Li et al.，2005），这也是目前被使用较多的一种项目风险分类方法。Zou 等（2007）等从业主、设计方、施工方（承包商、分包商）、政府机构利益相关方以及外部环境 5 个维度识别了 27 个中国投资建设项目的关键风险因素。而境外基础设施投资项目与同类国内项目相比往往涉及更多的风险类别（Jiang，Martek，Hosseini and Chen，2019），因此，已有研究针对海外基础设施投资项目中风险的识别也就更加不足,大多停留于东道国环境,而对较多基础设施项目内部脆弱性的识别存在不足(孙海泳,2016)。再加上中国企业在发展中国家开展基础设施项目投资时面临的战争、内乱、国有化征收、汇率波动等区域性风险,风险识别和分析难度较大(吕晨、刘书宁和杨堃,2020)。

但不同风险事件和因素之间并非完全独立,它们之间的传递效应和耦合效应将会影响风险的应对。首先,关于风险事件相互作用的相关研究主要基于工程项目中风险控制路径来展开,如 Ashley 和 Bonner (1987) 使用影响图法分析国际工程中的宏观政治风险对项目层面劳工成本风险的影响,Han 等(2004)将交叉影响分析方法应用到项目管理过程中,从而对成本风险进行控制。主要涉及的定量方法有交叉影响分析法(Han et al., 2004)、贝叶斯网络模型(项勇和任宏,2015)、概率韧性模型(Salem, 2020)等。而这些作用路径的研究中,考虑到基础设施系统内部本身的特点而对跨国基础设施投资风险作用路径的研究较为有限。

在关于跨国基础设施投资风险分担的相关研究中,大多数研究遵循了风险分担方原则,即风险应该被最有控制力的一方来承担;所有的风险必须被参与方正确识别、合理评估;参与方必须有管理风险的技术和能力,参与方必须有经济能力足以承受风险影响或阻止、规避风险的发生;参与方必须有承担风险的愿意(Ameyaw et al., 2016; Hwang et al., 2013; Shaban, 2022)。但大多数相关研究关注的风险分配发生在政府和投资方等项目主要利益相关方之间,而较少地考虑到基础设施投资项目利益相关者系统中其他的风险承担主体如金融机构、保险机构、施工分包商、运营商等之间的风险分担。

在此基础上,部分相关研究也就跨国基础设施投资风险的应对策略进行探究。但这些研究大多针对一般跨国投资和国际工程领域的风险提出应对策略,而未充分考虑发展中国家环境和基础设施投资项目特点等。同时,这些相关研究提出的策略也大多针对外部环境中的风险(Biglaiser and Staats, 2010; Van Wyk, 2010),而对基础设施系统内部的关注极为不足。而根据脆弱性理论在风险管理领域的研究，系统的内部脆弱性对于外部风险产生的后果程度具有重要的影响（Deng, Low et al., 2014；Giambona et al., 2017）。此外，也有少数研究就跨国基础设施投资中的具体风险应对进行探究，如政治风险的应对。这些相关研究主要对跨国企业的政治风险应对能力和项目特点进行考虑（Chang et al., 2019；Jiang, Martek et al., 2019）。

四 研究评述

结合以上国内外研究的回顾，关于发展中国家基础设施投资风险管理的研究存在以下不足之处。

（1）由于发展中国家和基础设施行业的特点，中国企业在发展中国家投资基础设施往往面临更高的战争、内乱、国有化征收、汇率波动等东道国风险，风险识别和分析难度大。而现有相关研究大多针对一般跨国投资和国际工程领域，既有相关研究对于发展中国家环境的适用性较为有限。因此，目前仍旧缺乏专门针对中国企业在发展中国家开展基础设施项目投资的风险识别。

（2）基于脆弱性理论在风险管理中的应用，外部环境的风险对海外基础设施投资产生的作用后果同时受到基础设施系统内部脆弱性的重要影响，而目前相关研究极少考虑系统内部脆弱性并探究这些风险的作用机制。

（3）关于海外基础设施投资风险的应对研究中，大部分应对策略主要针对一般跨国投资和国际工程领域，并未充分结合发展中国家环境和中国跨国企业特点，使现有关于中国企业在发展中国家投资基础设施中风险应对策略的有效性极为不足。

基于以上相关研究的不足，本书将探究发展中国家基础设施投资风险识别与作用机制，创新跨国基础设施投资项目的风险应对策略及选择，从而进一步丰富海外基础设施投资项目风险管理领域的研究。

第四节 研究内容及方法

一 研究内容

（一）研究目的及目标

近年来，中国在发展中国家的基础设施投资项目逐年增加，但相较于发达国家，这些国家的环境风险往往具有更多的不确定性，再加之基础设施项目本身具有投资体量大、资产较难转移、运营周期长、客户是政府和公众等特点，中国企业在发展中国家的基础设施投资面临着更高的风险。正如前面所回顾的，在关于海外基础设施投资的相关研究中，极少有研究关注到基础设施投资中的动态风险管理。基于这样的背景和研究现状，本书将基于项目脆弱性视角探究发展中国家基础设施投资项目风险的作用机制及动态应对。

基于上述研究目的，本书主要有以下三个研究目标：

（1）结合脆弱性理论，识别发展中国家风险及基础设施系统内部脆弱性因素；

（2）探究海外基础设施投资中风险的作用机制；

（3）提出针对发展中国家基础设施投资的风险应对策略，评估海外基础设施投资风险应对策略的有效性，并构建选择模型。

（二）研究范围

基于跨国投资的特点，相关研究大多集中于东道国与母国之间。母国指的是跨国公司注册地或公司主体所在国，东道国主要指的是跨国公司业务拓展所在国。基于研究背景和目的，本书中母国指的是中国跨国企业所在国——中国，东道国指的是海外基础设施项目所在国——发展中国家。而关于发展中国家的定义，目前尚未有统一明确的定义，但世界银行对于全球国家的分类被较多使用，主要包括高收入国家、较高中等收入国家、较低中等收入国家及低收入国家四类。本书中发展中国家主要包含较高中等收入国家、较低中等收入国家和低收入国家三类，将它们作为基础设施项目东道国。

(三) 研究内容

本书的总体研究框架如图1-2所示。

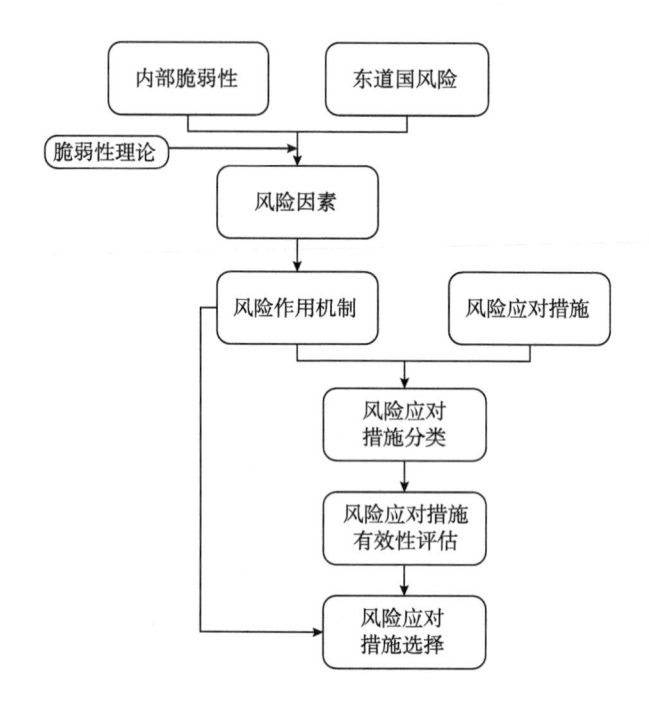

图1-2 总体研究框架

1. 结合脆弱性理论,识别发展中国家风险及基础设施系统内部脆弱性因素

尽管有相关研究对基础设施项目风险因素进行了识别,但是针对发展中国家基础设施投资项目中风险的系统研究较为有限。结合脆弱性理论,本书首先对发展中国家的投资环境(政治、经济、文化)和这些国家基础设施项目状况等进行分析,结合内外环境识别出中国企业投资发展中国家基础设施项目面临的内外部风险因素。

2. 探究海外基础设施投资中风险的作用机制

关于跨国投资和国际工程领域中风险管理的研究大多关注东道国环境中的风险,但对于基础设施系统内部特点导致的脆弱性关注不足。因此,本书基于识别出的外部风险因素和基础设施系统内部脆弱性,利用相关工具探究东道国环境风险对海外基础设施投资的作用机制。

3. 评估基础设施投资风险应对策略的有效性，构建选择模型

本书基于相关研究和案例分析，提出针对中国企业投资发展中国家基础设施项目的风险应对策略，并评估这些应对策略对降低东道国风险影响的有效性。在此基础上，构建发展中国家基础设施投资风险应对策略的动态选择矩阵，以便为中国企业选择不同特点发展中国家市场和基础设施投资项目类型的决策提供辅助。

二　研究方法

（一）文献回顾法

文献回顾法已经被诸多研究者作为一种专门的研究方法应用在各个领域，该方法有助于研究者梳理既往研究成果、识别研究不足和提出未来研究方向。这种方法在跨国投资和基础设施领域也得到了一定的应用（Bao et al., 2018; John and Lawton, 2018; Yu et al., 2018）。

本书回顾工程管理领域内特别是一般跨国投资、国际工程领域、基础设施等领域有关风险识别的文献，把握本书所涉及研究范围内的研究现状以识别出可用于解决海外基础设施投资风险识别、分类的度量方法。通过对这些理论、框架和模型的学习与运用，梳理出有关海外基础设施投资项目可能面临的风险事件和基础设施项目脆弱性因素，以及这些风险因素的应对策略。

（二）案例分析法

案例分析是针对特定的人、群体或对象在特定时期进行详细的调查（Feagin et al., 2016）。其在国际工程领域得到了广泛的研究，如Deng、Pheng、Zhao（2014）以中国为例就国际工程面对政治风险时的脆弱性进行了探究，同样地，该方法也在基础设施领域的研究中得到了大量应用（Chopra et al., 2016; Prus and Sikora, 2021）。

为深入了解中国企业在发展中国家基础设施领域具体投资实践中如何进行风险因素识别及应对（权利、义务约定，利益风险分配博弈机制等），本书采用案例分析方法对海外基础设施投资项目所涉及的风险因素和应对策略进行识别。本书主要从世界银行 PPI（Private Participation in Infrastructure）数据库（World Bank, 2023）、中国"一

带一路"综合信息服务平台（新华丝路，2022）获取相关案例和数据。此外，本书也将通过其他相关方式获取数据，比如，相关的国内外媒体信息、针对相关人员（内部员工和其他利益相关者）的访谈、现场调研和企业/政府内部资料等。这些案例提供了中国企业在发展中国家投资基础设施的实践经验，有助于识别关键风险因素及风险管理路径，与通过桌面研究从理论角度识别出来的因素和应对策略共同构成风险应对策略选择的基础。

（三）问卷调查法

本书的研究群体较大，涉及大量的参与发展中国家基础设施投资的相关各方，但无法一一获取相关数据，因此将采用问卷调查法收集部分样本的数据。同时，问卷调查法在基础设施风险管理领域应用较为广泛（Andrić et al., 2019；Jiang and Martek, 2023）。

基于文献回顾和案例分析识别出的发展中国家基础设施投资风险因素及应对策略，本书形成规范化的问卷，通过问卷调研的形式获取风险因素影响及应对策略有效性等方面的量化数据。在关于问卷调查对象的选择方面，尽管中国在海外直接投资的基础设施项目较为有限，但中国早期对外工程承包发展迅猛，趋于成熟，业内有了一大批具有丰富国际经验的专家。本书对有超过 10 年经验，并且熟悉国际工程项目风险管理的业内专家进行问卷调查。在邀请专家的时候，也会侧重在发展中国家或区域有基础设施项目经验的专家。

（四）偏最小二乘结构方程模型

基于识别出的发展中国家风险和基础设施系统脆弱性因素，本书采用偏最小二乘结构方程模型（Partial Least Square-Structural Equation Model, PLS-SEM）探究风险作用机制，识别发展中国家风险影响中国企业投资该国基础设施项目的内部脆弱性因素，从而为应对策略的有效性和选择提供依据。

结构方程模型是第二代多元变量分析方法，其基于变量的协方差矩阵来估计和检验可能存在的因果关系。结构方程模型由 Sewall Wright 于 1921 年首次提出，在 20 世纪 70 年代在社会科学领域开始使用，并在 90 年代之后被广泛用于国际商业、市场营销、心理学等多个学科的研究（Hair et al., 2011）。

结构方程模型分为协方差结构方程模型（CB-SEM）与偏最小二乘结构方程模型（PLS-SEM）（Joreskog and Wold, 1982）。最初仅有基于协方差的 SEM，但其对信息分布要求较高，而这对于实证研究而言却不太现实。因此，Wold 开发了基于偏最小二乘的 SEM，该方法通过确定的模型对样本数据的协方差矩阵的估计程度验证理论，基于多次迭代法以最大化内生结构变量的解释力度（Joreskog, 1982; Wold, 1982）。与 CB-SEM 不同的是，PLS-SEM 会根据测量模型的特性评估数据质量，PLS-SEM 能够对更大范围的样本规模和更复杂的测量模型进行估算；同时，PLS-SEM 采用的是非参数推断方法，对数据假设的限制更少，这也使它可以解决比 CB-SEM 更广泛的问题。此外，PLS-SEM 对结构模型的样本数量和数据测度要求较少，因此该方法可以使用比 CB-SEM 所要求的更少数量结构（例如一个或两个）。总的来说，当数据测度要求、模型特性或样本数量限制了 CB-SEM 的使用时，PLS-SEM 成为更为适合的选择（Hair et al., 2011; Hair Jr et al., 2021）。

目前 PLS-SEM 已被广泛用于市场营销与商业研究领域（Hair Jr et al., 2014），近年来该方法也出现在部分工程管理相关的研究中（Mohamed, 2002; Zhao et al., 2015; 刘炳胜等，2011; 姚恒等，2013）。为有效地获取基础设施脆弱性对东道国风险作用于跨国基础设施投资的影响，本书采用了 PLS-SEM 方法。

（五）因子分析法

因子分析法主要从变量中提取共性因子，对变量进行分组（Hair, 2011）。因子分析法主要分为探索性因子分析法和验证性因子分析法（Pallant, 2020）。该方法已经在国际工程领域得到广泛应用（Deng, Low et al., 2014; Wang and Yuan, 2011）。基于识别出的应对策略效应评价结果，因子分析法被用于探究这些应对策略的分类，以形成不同效用的海外基础设施投资应对策略分组。在此基础上，本书进一步探究每一类策略分组应对风险的有效性，为应对策略的分组提供依据。

三　研究技术路线

结合以上研究目标和内容，本书形成了如图1-3所示的研究技术路线图。

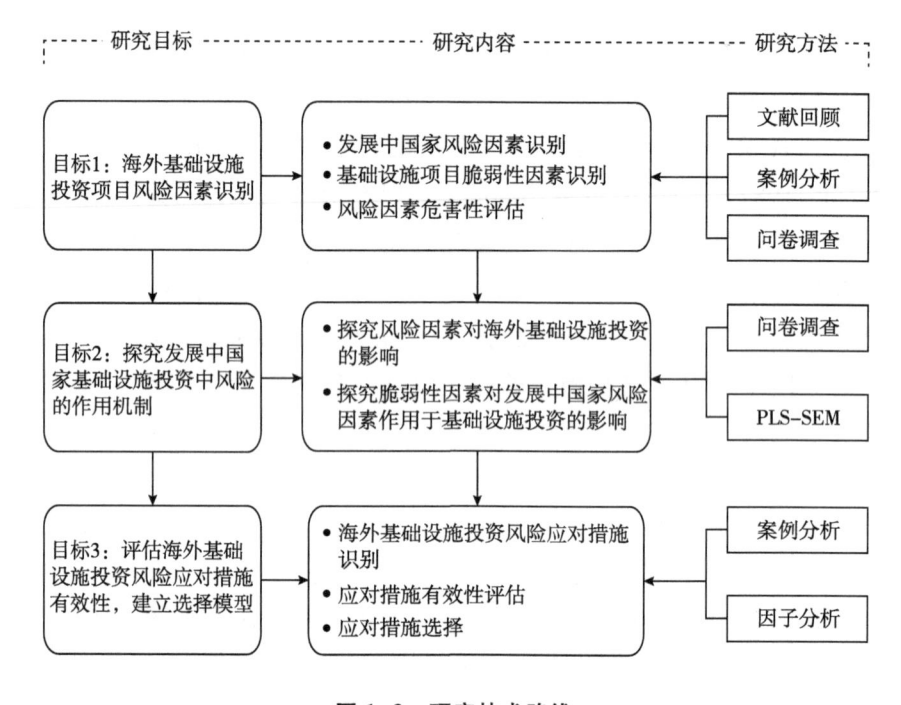

图1-3　研究技术路线

研究目标	研究内容	研究方法
目标1：海外基础设施投资项目风险因素识别	• 发展中国家风险因素识别 • 基础设施项目脆弱性因素识别 • 风险因素危害性评估	文献回顾 案例分析 问卷调查
目标2：探究发展中国家基础设施投资中风险的作用机制	• 探究风险因素对海外基础设施投资的影响 • 探究脆弱性因素对发展中国家风险因素作用于基础设施投资的影响	问卷调查 PLS-SEM
目标3：评估海外基础设施投资风险应对措施有效性，建立选择模型	• 海外基础设施投资风险应对措施识别 • 应对措施有效性评估 • 应对措施选择	案例分析 因子分析

第五节　本章小结

本章对本书的整体研究概况进行了介绍。基础设施对发展中国家至关重要，但这些国家本地往往没有足够的资金来支撑大体量基础设施项目的开发与运营等，由此中国投资流入发展中国家基础设施行业对其发展起到了至关重要的作用。大部分发展中国家相较发达国家风险更高，基础设施行业相较其他行业对风险更敏感，外资也相较本地投资更易受到东道国风险的影响。本书以中国企业参与发展中国家基础设施项目投资中风险作用机制及应对为研究目的，有一定的现实意义。

第二章 相关概念及理论基础

基于本书的研究目的与目标，本章对风险管理理论、风险传导理论与脆弱性理论进行回顾，并就这些理论在发展中国家 FII 风险管理中的应用进行分析。

第一节 风险管理理论

一 风险概念

尽管风险这一概念起源于 19 世纪，但由于研究领域范围和背景的巨大差异，其定义也存在较大不同，至今为止尚未有统一的定义。其早期被定义为不可预见的事件导致的不可避免的损失（Williams，1995），也有些学者将其定义为与利益损害相关的不确定表达。随后，风险又被定义为对于项目而言面临损失的暴露程度，或是一个项目遭受损失的可能性（Ahmed et al., 2007）。在此基础上，风险被界定为不确定事件导致的实际结果与期望产生的偏差的可能性（黄正谦，2022）。参考这些定义，本书将风险定义为不确定事件导致的基础设施项目损失的可能性。同时，本书中 FII 的风险范围被界定为东道国环境。

二 风险管理

随着风险概念的产生，风险相关的一系列研究也逐渐展开。正如风险内涵的发展，风险管理的认识和研究经历了较长的过程。较为系统科学的风险管理起源于 20 世纪 50 年代（Dionne, 2013），尽管风险管理已经发展了较长时间，也被应用于不同领域，但依旧缺乏全面的风险管理内涵。早期，Mehr 和 Hedges（1963）认为风险管理与保险管理相近，其提出保险管理适用的组织、原则和技术同样适用于风险管理。不少学者也提出单纯的风险管理是毫无意义的，进而将风险管理内涵拓展为对威胁企业或其资产和收益的风险进行的识别、衡量和经济控制。这个阶段的风险管理定义已经逐步形成了定义问题、评估可能的解决方案以及选择最合适的解决方案的过程，这也是决策领域的关键。也有学者提出风险管理是以管理学、运筹学、经济学等多学科交叉为基础，结合多种工具，有效地降低风险损失的一种管理方法（黄正谦，2022）。

在风险管理内涵逐渐清晰的情况下，有研究进一步提出了规范化的风险管理流程，旨在通过结构化方法及时发现产品或系统的弱点，以便及时采取避免风险、转移风险、降低风险可能性或减少风险影响等风险缓解策略（Raz and Hillson，2005）。其中，澳大利亚风险管理标准提出风险管理流程应包含建立风险环境、识别风险、分析风险、评估风险、风险应对五个关键环节。遵循该风险管理流程，也有不少学者针对工程项目中的风险管理进行深入探究，完善了风险管理流程在工程项目领域的应用（赵微，2016），并提出了识别、评估、处理、监控等工程项目风险管理环节（Zhai et al.，2021；黄正谦，2022）。有相关研究就工程项目中单一的风险管理环节进行深入研究，如南开辉等（2019）就海外电网投资项目的风险进行了较为全面的识别。也有研究针对投资项目中的风险量化进行了探究（Martínez-Ruiz et al.，2021；Ye and Tiong，2000），如刘逸婉（2022）对海外 PPP 项目中面临的风险应对进行了研究。

第二节　风险传导理论

一　风险传导理论定义及传导机制

在企业或项目风险管理中，风险传导主要指的是起源于企业或项目系统内外部的风险，依托传输载体，通过一定的传输路径，传导到企业或项目投资或生产等活动相关的各方面，从而造成企业或项目活动目标与预期目标产生偏离的过程（石友蓉，2006；吴卫星等，2014；夏喆，2007）。在此基础上，石友蓉（2006）对风险传导机理进行了总结，如图 2-1 所示。该理论广泛应用于风险管理领域，如金融风险（孙玲，2010；吴卫星等，2014）、建设风险（向鹏成等，2020）、项目融资风险（蔡星星和林民书，2016）等。

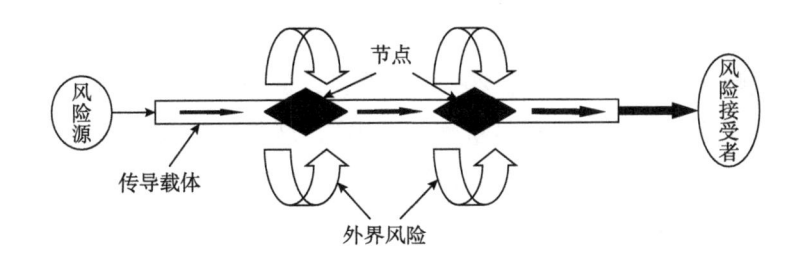

图 2-1　风险传导机理

基于企业管理中风险传导理论的含义及作用机理，风险传导理论的关键要素可以分为风险源、风险载体、风险传导路径、风险节点、风险接受者（石友蓉，2006；夏喆，2007；赵新娥，2010）。也有学者依据该定义提出如图 2-2 所示的风险传导逻辑（陈志，2010）。

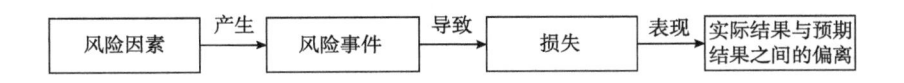

图 2-2　风险传导理论逻辑

资料来源：陈志（2010）。

（一）风险源

风险源主要指的是导致企业或项目亏损的风险起源，其大小决定了风险的传导距离和造成的损失程度（石友蓉，2006；赵新娥，2010）。由此，识别风险源成为风险管理的重要内容。

（二）风险传导载体

风险需要借助一定载体才能完成传播，这些载体可能是有形的，也可能是无形的，在企业和项目投资系统中，这些载体可能是资金、信息、技术等（石友蓉，2006；孙玲，2010）。

（三）风险传导节点

风险在传导过程中会遇到一些节点，可能会产生集聚耦合效应，但也可能被消减（石友蓉，2006；夏喆，2007）。对于企业或项目而言，风险传导节点可能是投资决策节点、融资节点、建设关键节点、项目移交节点等。

（四）风险传导路径

风险无法凭空传导，需要一定的路径，从而连接风险事件和风险结果（吴卫星等，2014；赵新娥，2010），这些连接被抽象化，用来描述风险产生影响的过程（贾若愚，2016）。

（五）风险接受者

风险接受者既可能是项目或公司本身，也可能是与该项目或企业有业务往来的利益相关者，当风险能量超过风险接受者自身承受能力的时候，便会造成巨大损失（石友蓉，2006）。基于风险传导理论及发展中国家基础设施投资特点，本书识别了发展中国家投资基础设施项目面临的风险关键要素，具体如下。

（1）根据本书的国家风险范围，风险源为发展中国家政府、社会和经济系统环境累积或状态变化。

（2）风险载体为政府、非政府组织、民众、基础设施投资相关的各类干系人。

（3）风险接受者为进入发展中国家基础设施市场的跨国投资者。

（4）风险传导路径为风险载体与跨国投资者之间的各种直接和间接关系。

（5）东道国风险在节点位置遇到其他因素，可能会增强或减弱其对风险接受者的影响大小。

二　FII 风险传导机制

在国际工程领域，也有学者将风险传导理论应用到相关风险管理中。贾若愚（2016）就国际工程的政治风险作用机理进行了研究，认为政治风险主要起源于东道国的政治系统或环境变化，这些变化会引起东道国政府和非政府组织采取行动，从而产生政治事件，如图2-3所示。当这些政治事件对跨国企业的项目实施或预期收益产生不利影响时，就造成了威胁。若这些威胁超出跨国企业的承受能力，并造成项目重大损失，风险后果也就因此产生了。

状态突变或积累 → 东道国政治系统变化 → 政治风险事件 → 威胁 → 风险后果

图 2-3 国际工程中政治风险传导路径

资料来源：贾若愚（2016）。

追溯东道国国家风险在国际工程中的产生原因，可以发现中国企业参与发展中国家基础设施投资所面临的东道国风险主要来自东道国风险环境状态的积累或突变而带来的风险，如东道国政府不稳定的状态造成政府信用程度低，进而引起项目中断或被征收等风险事件的发生，最终导致跨国投资者预期收益降低。东道国风险的传导路径如图2-4所示。

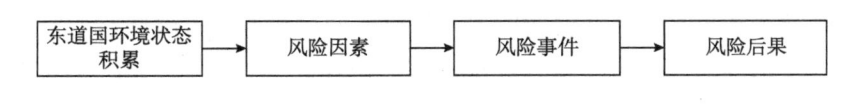

东道国环境状态积累 → 风险因素 → 风险事件 → 风险后果

图 2-4 FII 风险传导路径

第三节 脆弱性理论

一 脆弱性理论的定义

当前，许多传统领域和学科都使用了"脆弱性"这一术语，如经济学、人类学、工程、心理学等（Cardona，2004）。但在不同时期，脆弱性的概念有所不同，脆弱性理论概念的定义演变过程如图2-5所示。早期，脆弱性通常被定义为导致一个系统或领域暴露于外部某种危害的内部风险因素，或其将会被影响的固有倾向，抑或对危害的易敏感性（Cardona，2004），也就是说，脆弱性指的是系统内部固有的弱点。

脆弱性概念不断得以扩充

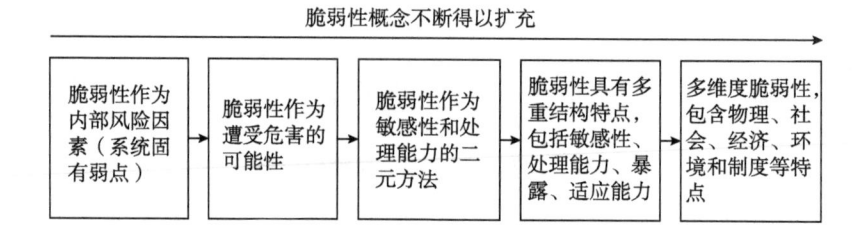

脆弱性作为内部风险因素（系统固有弱点）→ 脆弱性作为遭受危害的可能性 → 脆弱性作为敏感性和处理能力的二元方法 → 脆弱性具有多重结构特点，包括敏感性、处理能力、暴露、适应能力 → 多维度脆弱性，包含物理、社会、经济、环境和制度等特点

图2-5　脆弱性概念演变过程

资料来源：Birkmann（2007）。

19世纪中期，在自然灾害研究领域开始大量出现关于灾害和脆弱性的相关研究，诸多学者对系统的危害暴露程度和暴露因素的脆弱性进行了研究。因此，脆弱性不再被局限于系统内部固有弱点的概念，而被认为是系统遭受危害的可能性。在当时，脆弱性的系统概念和分析也更多地由自然科学领域的学者进行，涉及地震、火山爆发、泥石流、洪水等地球动力学等（Birkmann，2007），但此时脆弱性概念依旧倾向于实际存在的物理脆弱性。

由于系统脆弱性一般与其处理能力无法分割，其定义涉及敏感性和处理能力的二元结构。在此基础上，Turner等（2003）提出了多元脆弱性结构，认为脆弱性除了考虑系统敏感性和处理能力，还应考虑系统的危险暴露和适应能力，并将脆弱性系统归纳为系统暴露、系统敏感性和系统弹性。

除此之外，Vogel和O'Brien（2004）认为，脆弱性还需要充分考虑系统所在的周围环境，包括社会、经济、实际环境和制度等。该定义指出，脆弱性会在物理空间和团队之间具有多维度和差异性；脆弱性也与系统规模有关；此外，脆弱性也会随时间的变化而出现特征和驱动力变化。

因此，总的来看，脆弱性概念随着时间的推移逐渐得到扩充，变得更为全面。目前，较为全面的脆弱性相关概念研究已经在经济学、社会学等领域得到广泛应用和研究，但由于学科特性存在较大差异，其具体定义在不同领域仍存在巨大不同，因此，在特定的研究领域下讨论脆弱性才具有实际意义（贾若愚，2016）。脆弱性理论已经被广泛应用在各个研究领域，如地理学、经济学、心理学、工程、公共安全、灾害治理等（Birkmann，2007；Cardona，2004；董幼鸿，2018；庞素琳等，2016）。

二 FII 的脆弱性

随着脆弱性理论的发展，其概念在不同领域逐步得到扩充，但不同学科之间存在巨大差异，因此，在特定研究背景下结合脆弱性进行研究才有实际意义（贾若愚，2016）。在跨国直接投资的风险相关研究中，脆弱性更多地表现在跨国投资者的风险应对能力方面（Dai et al.，2017）。而在国际工程领域，工程项目对于东道国风险的脆弱性被认为主要源于项目本身的特征以及项目所处的环境（贾若愚，2016）。无论是跨国直接投资还是国际工程领域，脆弱性都表现为系统的内部特征。结合脆弱性理论的相关内容，本书将其置于基础设施投资背景下，着重强调基础设施投资对发展中国家风险的敏感程度、涉及基础设施的风险暴露性及其风险应对能力。

基础设施行业的风险暴露，主要源于基础设施项目本身的特点，使项目和投资者暴露在东道国环境所存在的威胁中；而项目风险应对能力，主要指的是项目投资者通过各种方式和资源降低项目的风险暴露（Zhang，2007）。FII 的风险脆弱性属于系统的物理特征，其独立存在于任何特定环境危害中，却可以让危害对系统有机可乘（Birch and McEvoy，1992）。根据该研究思路，本书从基础设施系统内部角度出发，提出发展中国家基础设施行业的脆弱性主要由以下三个方面构成。

（一）基础设施项目风险暴露（Exposure of Risks，ER）

根据相关研究（Zhang，2007；邓小鹏等，2015；贾若愚，2016），海外基础设施项目的风险暴露主要由项目特点决定，包括：(1) 发展中国家对项目的需求程度（ER1）；(2) 投资基础设施项目签订的合同周期（ER2）；（3）项目签订合同的授予级别（ER3）。ER1 和 ER3 会对所投资的基础设施项目受到的东道国支持程度产生影响；ER2 会对基础设施项目受到的发展中国家风险危害程度产生显著影响。

（二）跨国企业风险应对能力（Capability of Coping with Risks，CC）

发展中国家基础设施投资项目脆弱性不仅受到基础设施项目特点的影响，还受到跨国投资者的风险应对能力的影响，主要包括：（1）跨国企业的规模（CR1）；（2）跨国企业在东道国的本地化程度（CR2）；（3）跨国企业的国际化程度（CR3）。跨国企业的规模越大、本地化程度和国际化程度越高，海外基础设施项目投资系统应对发展中国家环境风险的能力也就越强（Chen，2005；邓小鹏等，2015；贾若愚，2016）。

（三）东道国与母国关系的风险（Relationship of Host and Home Country，RH）

除了源自东道国境内本身的风险，东道国与母国之间的关系也会影响跨国投资者在东道国投资基础设施项目面临的风险（高波，2020）。而东道国与母国之间的关系一般由两国的政治联系（RH1）、贸易联系（RH2）和文化距离（RH3）共同决定。

东道国与母国之间的政治联系（RH1）可以直接影响两国之间的关系程度，进而影响海外投资的流入，尤其针对投资体量较大和运营周期较长的基础设施项目。两国较为密切的区域联系可以有效地降低跨国投资者在东道国面临的风险（Medvedev，2012）。

两国间的贸易联系（RH2）是衡量两国之间的商业互动程度的直接指标（贾若愚，2016）。双边贸易量越大，越能降低跨国投资者在东道国投资基础设施面临的国家风险，尤其是针对外来资本的限制（Zhang et al.，2011）。

文化距离（RH3）主要用来衡量东道国和母国之间的市场差别（Buckley et al.，2012；蔡奇钢，2021）。两国之间的文化距离越低，两国的法律制度环境、市场规则和商业习惯相似度越高，跨国投资者所面临的东道国国家风险也就越低，同时其应对东道国的风险能力也就越强（高勇强，2007）。

三 FII 风险作用机理

结合风险传导理论和脆弱性理论，风险产生的影响是外部环境风险和主体或系统内部脆弱性的共同作用下暴露的主体或系统遭受的损失（Cardona，2004）。从这个角度来看，东道国风险对发展中国家 FII 产生的后果是东道国风险和基础设施行业脆弱性双重作用的结果（Birch and McEvoy，1992；张宏亮和李鹏，2007）。在该定义下，本书提出东道国对基础设施投资产生的影响主要由东道国环境和基础设施项目决定，其作用机理如图 2-6 所示。对于参与发展中国家基础设施投资的中国企业而言，东道国风险因素主要来源于东道国环境，包括政府特点、制度特征、社会条件和经济状况等（Ling and Hoang，2009；Deng and Low，2013；朱兴龙，2016）。而基础设施行业的脆弱性主要来源于基础设施项目和中国跨国企业内部，如项目大小、项目运营期、项目复杂程度、跨国企业的规模、资本结构、国际经验、本地化程度以及与项目各方利益相关者的关系等。

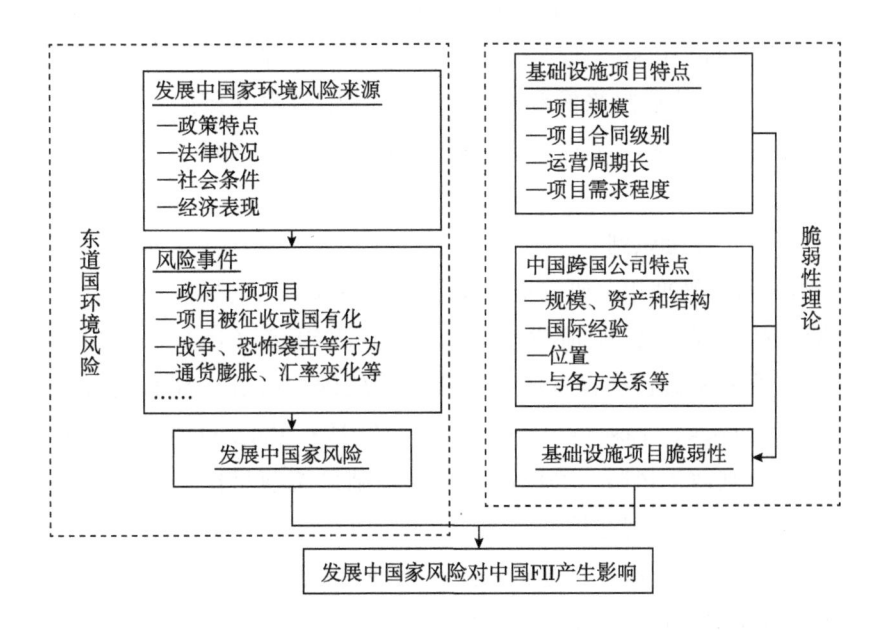

图 2-6 发展中国家风险对中国跨国企业投资基础设施项目的作用机理

第四节　FII 风险管理流程

中国与其他发展中国家和地区的社会、经济、法律制度环境各异（向鹏成等，2022），风险因素之间具有错综复杂的相互关系，因此中国企业进入这些国家的基础设施市场往往对一些区域性的条件差异较为敏感，如货币贬值、汇兑限制、文化差异或者法律法规变更频繁等（Han et al., 2004）。发展中国家环境对中国海外基础设施投资有重要影响，且这些国家环境并非一成不变，再加上基础设施投资项目运营周期较长，对海外基础设施项目投资风险进行动态管理极为重要。对海外基础设施投资中面临的风险进行全面的识别和应对是中国企业进行海外基础设施投资风险动态管理的重要途径（向鹏成和盛亚慧，2020）。传统风险管理在国际商业（Fitzpatrick，1983；John and Lawton，2018）和国际工程（Chang, Hwang et al., 2018；Deng et al., 2014）的风险管理研究中的应用较为成熟，但在发展中国家 FII 领域是极其匮乏的。在相关成熟领域，风险管理一般遵循了以下流程：（1）识别相关的风险来源和事件；（2）评估风险（按照风险因素发生的可能性和影响）；（3）提出有效的风险对策（Ashley and Bonner，1987）。

一　FII 风险识别

不少风险管理相关研究指出及早发现导致损失的风险事件比在无法预防的情况下处理损失的有效性要高得多（Raz and Hillson，2005）。海外基础设施投资往往面临着相较国内投资更高的国家风险（Jiang, Martek, Hosseini and Chen，2019；Ramamurti and Doh，2004），比如政治风险、经济风险等。基础设施项目比一般建筑工程项目繁杂，主要体现在投资巨大、运营周期长、融资复杂、利益主体目的差异等特性。所以，基于风险相关理论，进行风险有效管理的第一步便是识别风险的来源，探究风险作用机制，制订公平合理的风险分担方案的前提与保证就是清晰地识别全面的跨国基础设施投资项目风险（吴钧，2012）。为了防止基础设施项目全生命周期中风险事件对项目产生不利的影响，有必要有针对性地加强项目投资者对基础设施项目中各类风险的认识（南开辉等，2019）。针对发展中国家基础设施项目投资风险动态管理，风险识别被赋予了两个方面的内涵，即：（1）风险事件的识别；（2）风险时间节点的识别。风险识别不仅根据文献综述、中国企业实操经验、相似案例等识别可能发生的风险事件，还要根据项目实际情况、项目所在国环境等因素识别风险事件可能对项目造成影响的时间节点以及应对方式。

因此，保证海外基础设施项目投资收益的一个重要环节就是风险识别。风险识别的方式较多，最为常见的方法是风险清单法，通过历史资料、管理经验、案例经验、文献资料等识别出风险清单，结合所实施项目的实际情况和所处环境分析是否存在对应的风险（王卓甫等，2018）。基于脆弱性理论和本书提出的发展中国家风险对中国海外基础设施投资的作用机理，可以发现海外基础设施投资相关风险主要源于东道国政府、东道国社会环境、东道国法律制度、东道国经济环境与基础设施项目特点（Ameyaw et al.，2017；Jiang, Martek, Hosseini, Tamošaitienė et al.，2019；Opawole and Jagboro，2017；Yu et al.，2018；程颖慧，2020；高波，2020；王昱睿，2022）。东道国风险的类别按照来源进行分类，主要涉及东道国政府、社会、法律制度以及经济环境等，分别展示在表2-1、表2-2、表2-3与表2-4中。

（一）源于东道国政府的风险因素（GOV）

中国跨国投资者参与发展中国家基础设施投资面临的风险的重要来源之一便是东道国政府（Slangen and Van Tulder，2009；黄河，2017；张水波等，2016），具体风险因素如表2-1所示。

表2-1　　　　　　　　源于东道国政府的风险因素

编号	风险因素	来源
GOV1	政局稳定性差	Chan et al.，2018；Chang, Hwang et al.，2018；Fahad Al-Azemi et al.，2014；Mazher et al.，2018；Trotter et al.，2018；Tsai and Su，2005；张水波等，2016

续表

编号	风险因素	来源
GOV2	政权更迭	Ameyaw and Chan, 2015b; Ibrahim et al., 2006; Mazher et al., 2018
GOV3	政府的项目执行能力差	Ameyaw et al., 2017; Babatunde et al., 2015; Osei-Kyei and Chan, 2017a
GOV4	政府治理不力	Sanni, 2016; Tam, 1999
GOV5	各级政府缺乏协调	Babatunde et al., 2015
GOV6	政府信用程度低	Babatunde et al., 2015; Chan et al., 2014; Ke et al., 2011; Zou et al., 2008
GOV7	官僚主义	Deng, Low et al., 2014; Tillmann Sachs et al., 2007; Voelker et al., 2008
GOV8	腐败	Babatunde et al., 2015; Chan et al., 2018; Hwang et al., 2017; Ibrahim et al., 2006; Ling and Hoang, 2009; Opawole and Jagboro, 2017; Sastoque et al., 2016; Wang et al., 2000
GOV9	缺乏政府支持	Ameyaw and Chan, 2015a; Ameyaw et al., 2017; Babatunde et al., 2015; Fahad Al-Azemi et al., 2014; Osei-Kyei and Chan, 2017a; Sanni, 2016; Trotter et al., 2018; Yu et al., 2018; Zou et al., 2008
GOV10	政府对项目干预过多	Ameyaw and Chan, 2015a, 2015b; Chan et al., 2014; Chang, Hwang et al., 2018; Ke et al., 2011; Mazher et al., 2018; Ng and Loosemore, 2007; Rebeiz, 2012; Tam, 1999; 高勇强, 2007
GOV11	对项目征收和国有化	Ameyaw and Chan, 2015a; Chan et al., 2014; Fitzpatrick, 1983; Ibrahim et al., 2006; Ng and Loosemore, 2007; Tsai and Su, 2005; Voelker et al., 2008; Wang et al., 2000
GOV12	政府违约	Tillmann Sachs et al., 2007; Voelker et al., 2008

（二）源于东道国社会的风险因素（SOC）

社会因素是中国海外基础设施投资风险的另一个重要来源（Deng and Low, 2013；孙海泳，2016），其主要指的是由非政府团体或组织引起的风险，包含内战、民族和种族冲突、宗教冲突等（Iankova and Katz, 2003；向鹏成等，2022），具体风险因素如表2-2所示。

表 2-2　　　　　　　源于东道国社会的风险因素

编号	风险因素	来源
SOC1	政党背叛	Babatunde et al., 2015
SOC2	各个宗教关系紧张	Jiménez et al., 2019；Deng and Low, 2013；蔡奇钢，2021；黄河和邹为，2017
SOC3	社会种族主义严重	Deng and Low, 2013；黄河和邹为，2017
SOC4	东道国内乱	Fahad Al-Azemi et al., 2014；Voelker et al., 2008；Deng and Low, 2013；高勇强，2007
SOC5	政府选举	Deng and Low, 2013
SOC6	民众反对项目	Ameyaw and Chan, 2015b；Babatunde et al., 2015；Chan et al., 2014；Chan et al., 2018；Deng, Low, et al., 2014；Ibrahim et al., 2006；Ke et al., 2011；Yu et al., 2018；孙海泳，2016
SOC7	社会稳定性差	Tsai and Su, 2005；向鹏成和盛亚慧，2020

（三）源于东道国法律制度的风险（LAW）

稳健的法律制度是保障基础设施项目长期运营的关键（管建军和刘旭星，2020；陶眉辰，2017），尤其在发展中国家。东道国法律制度也是中国企业参与发展中国家基础设施投资面临的重要风险来源之一（Ibrahim et al., 2006；Mazher et al., 2018；吴志君，2019），具体风险因素如表 2-3 所示。

表 2-3　　　　　　　源于东道国法律制度的风险因素

编号	风险因素	来源
LAW1	法律和制度变更	Chan et al., 2018；Hwang et al., 2017；Ibrahim et al., 2006；Ke et al., 2011；Mazher et al., 2018；Opawole and Jagboro, 2017；Sastoque et al., 2016；Trotter et al., 2018；Wang et al., 2000；管建军和刘旭星，2020
LAW2	政策不具有连续性	Chan et al., 2014；Chan et al., 2018；Chang, Hwang et al., 2018；Ibrahim et al., 2006；Kumari and Sharma, 2017；Mazher et al., 2018；Opawole and Jagboro, 2017；Yu et al., 2018；高勇强，2007

续表

编号	风险因素	来源
LAW3	法律制度不完善或无效	Chan et al., 2014；Ling and Hoang, 2009；Mazher et al., 2018；Deng and Low, 2013；凌晔, 2018
LAW4	执法机构或组织效力低下	Ameyaw et al., 2017；Babatunde et al., 2015；Fahad Al-Azemi et al., 2014；Fitzpatrick, 1983；Ling and Hoang, 2009；Tam, 1999；Williams et al., 2015；Zou et al., 2008
LAW5	制度结构过于复杂	Williams et al., 2015
LAW6	法律制度不欢迎外资	Ameyaw et al., 2017；Osei-Kyei and Chan, 2015, 2017a
LAW7	争端解决的司法系统薄弱	Babatunde et al., 2015；Ke et al., 2011；Deng and Low, 2013
LAW8	国际法律法规本地化程度低	Opawole and Jagboro, 2017
LAW9	政策制度可信度低	Zou et al., 2008
LAW10	项目采购过程不透明	Ameyaw et al., 2017；Babatunde et al., 2015；Osei-Kyei and Chan, 2015
LAW11	土地所有权界定不明	Ameyaw and Chan, 2015a；Babatunde et al., 2015；Chan et al., 2014；Chang, Hwang, et al., 2018；Ke et al., 2011；Opawole and Jagboro, 2017；Trotter et al., 2018
LAW12	合同制度不完善	Chan et al., 2014；Ke et al., 2011；Opawole and Jagboro, 2017；Tam, 1999

（四）源于东道国经济环境的风险（ECO）

东道国经济环境是中国跨国企业投资发展中国家基础设施面临的风险的另一主要来源因素（高勇强，2007；陶眉辰，2017），其涉及的具体风险因素事件如表2-4所示。

表 2-4　　　　源于东道国经济环境的风险因素

编号	风险因素	来源
ECO1	汇率波动	Ameyaw et al., 2017；Opawole and Jagboro, 2017；Tillmn Sachs et al., 2007；陶眉辰, 2017
ECO2	限制外汇或东道国货币兑换限额	Ke et al., 2011；Tsai and Su, 2005；Wang et al., 1999；高波, 2020

续表

编号	风险因素	来源
ECO3	税收变更	Chan et al., 2018; Chang, Hwang et al., 2018; Ibrahim et al., 2006; Ke et al., 2011; Osei-Kyei and Chan, 2017b; Sastoque et al., 2016
ECO4	税收激励不足	Tsai and Su, 2005
ECO5	贸易壁垒高	Ibrahim et al., 2006; Ng and Loosemore, 2007
ECO6	关税较高	Williams et al., 2015
ECO7	关税调整频繁	Wang et al., 1999
ECO8	限制项目回报率	Ibrahim et al., 2006
ECO9	当地金融市场不稳定，导致项目融资成本高	Babatunde et al., 2015; Opawole and Jagboro, 2017; Trotter et al., 2018
ECO10	经济过多被控制	Deng and Low, 2013

二 FII 风险评估

风险评估是在风险识别的基础上，就各项风险发生的概率和其影响程度进行评估。常见的风险评估方法主要分为定性评估和定量评估（王卓甫等，2018）。

（一）定性评估

定性评估是指依靠预测人员的实践经验和主观分析及判断，预测事物发展趋势和性质的方法。实践中，风险评估常用的定性方法主要有经验判断法、德尔菲法、影响图法等（Piyatrapoomi et al., 2004）。

1. 经验判断法

经验判断法主要基于风险评估者的过去经验，对风险事件发生的概率和综合影响做出主观评判。虽然经验判断法能较大程度地发挥受访者的主观能动性，但其主观性较强，较多受到受访者经验的束缚。因此，该方法使用时，应根据一定原则选取评估人员，如对基础设施项目十分熟悉，具有从事类似项目的经验，对经济状况反应敏感等。

2. 德尔菲法

德尔菲法也称专家打分法。首先，成立风险评估的专家组，由专家组讨论判断各项风险对项目实施的重要程度并赋予权重；其次，依据风险发生的可能性，为其进行不同等级的赋值，通常赋予 1.0、

0.8、0.6、0.4、0.2 五个等级的分值；再次，专家组成员根据经验对各项风险进行评估，评估值越大表示风险对项目的影响越高；最后，将风险等级值与风险评估值相乘得到对应风险的风险水平值，再根据风险权重加总得到风险水平的量化值。为了进一步提升该方法的准确性，也可对所得的专家评分进行权重确定，从而得到项目的综合风险水平。但该方法也有使用局限性，由于前期项目数据较为缺乏，往往会通过该方法来获取专家的意见，因此得出的结果大多只是预估的风险水平，其作为投资决策参考的准确性较为有限。

3. 影响图法

影响图将关键元素（包括决策、不确定性和目标）描述为各种形状和颜色的节点，其是由节点和有向弧组成的无环路的有向图，其中，节点表示的是研究变量，有向弧表示变量间的各种相互关系。变量表示风险或不确定性，将节点与相互关系结合起来可以产生风险、决策和结果的联合因果关系和时间序列映射。正确构建的影响图提供了项目及其固有风险的图像。影响图通常是定量风险分析的第一步，使用主观概率和价值估计，可以获得结果不确定性的定量度量，这种评估反过来又可用于制订风险管理策略。影响图法一方面可以揭示中国海外基础设施投资项目风险事件与其相应管控策略之间的相互作用机理，另一方面可以揭示各阶段风险之间的关系。利用这种方法可以更加系统地从全生命周期的角度动态分析风险。

（二）定量评估

风险的定量评估是指通过建立数学模型，计算出分析对象的各项指标及其数值来评估风险水平，常见的有模糊综合评价法、蒙特卡洛模拟法和情景分析法等（Ameyaw and Chan, 2015b; Mazher et al., 2018; Sachs and Tiong, 2009）。

1. 模糊综合评价法

模糊综合评价法通过综合主要影响因素确定各项风险大小的隶属程度，并通过这些模糊子集来呈现。使用该方法时，首先需结合专家打分和风险因素层次，量化定性结果，并就项目定性风险数据的模糊属性进行呈现。在此基础上，对各个风险因素进行排序，再结合 AHP

法确定各指标的相对权重，给出定量的评价结果。

2. 蒙特卡洛模拟法

蒙特卡洛模拟法是计算风险发生概率或风险损失值的一种统计方法。该方法首先对各个风险数据的概率分布进行分析，确定分布函数及参数，并完成相应的统计检验。其次，根据风险精度要求，确定模拟次数，并产生随机数，从而得到随机事件样本值。在此基础上，重复前述步骤，完成目标评估，并进一步根据这些值进行统计分析，得出相应的风险值。

3. 情景分析法

情景分析法在部分海外基础设施投资项目风险量化中被使用，是通过估计风险事件发生不同情境的概率及其在对应情境下产生的后果，对风险水平进行量化的一种方法。其通过结合专家经验和知识，运用定性和定量相结合、专家评价和科学计算互为补充的系统分析方法，给出定量的评价结果。

三　FII 风险应对

在国际商业领域已有较为成熟的风险管理理论，且这些理论后来也被用于国际工程领域，主要涉及制度理论（Institutional Theory）、资源理论（Resource-Based Strategy）、交易成本理论（Transaction Cost Analysis）。在不同理论下，对应的风险管理方式各不相同，如图 2-7 所示。本节对这些理论进行回顾并从中识别出与海外基础设施投资中风险应对的相关策略。

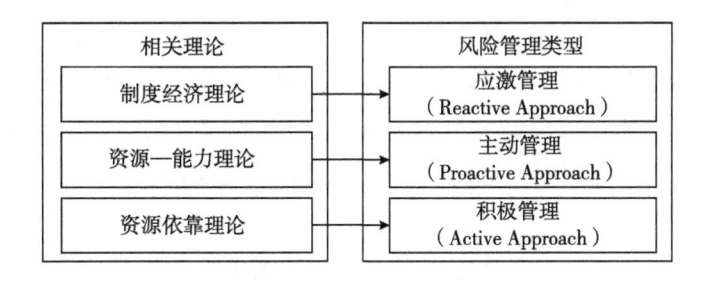

相关理论	风险管理类型
制度经济理论	应激管理（Reactive Approach）
资源—能力理论	主动管理（Proactive Approach）
资源依靠理论	积极管理（Active Approach）

图 2-7　制度理论角度的海外基础设施投资风险管理

资料来源：John 和 Lawton（2018）。

（一）制度理论

目前关于制度尚未有统一的定义，其在不同研究领域或方向有不同的定义。从 20 世纪 80 年代起，制度理论在社会科学领域应用广泛，尤其在政治科学领域。在社会科学领域，制度被考虑为建立社会行为权威指南过程中所涉及的模式、规则、规范和惯例等（Scott，1987），其将制度分为管制制度、规范制度和认知制度三大类。与此同时，该理论也被广泛应用在经济学领域，North 在其 1990 年的研究中认为制度实际上是一种游戏规则（North，1990），并将制度分为正式和非正式制度。这些制度定义加深了国际商业领域常见现象的分类研究（Hotho and Pedersen，2012），尤其是非市场化策略（Doh et al.，2012）。在 Hotho 和 Pedersen（2012）及 Doh 等（2012）的研究基础上，John 和 Lawton（2018）将制度理论应用在国际商业领域的政治风险研究中，并从新制度经济学、新制度理论和国家商业系统三个角度出发解决跨国商业风险领域研究的复杂性。

1. 新制度经济学理论

新制度经济学理论更注重政治和制度不稳定性如何影响公司决策以进行风险管理。从该角度出发的研究主要涉及如何降低规章制度不稳定造成的影响、母国和东道国制度环境变化对跨国投资构成的风险以及调节因素（Cherchye and Verriest，2016；Henisz and Zelner，2003；Witt and Lewin，2007）。在该理论下，大部分研究都认为风险对海外直接投资流入东道国有显著的阻碍作用（Henisz and Zelner，2003；Kobrin et al.，1980）。当然也有研究表明，在某些特定的东道国，企业不会受到政治风险的负面影响，而这往往是由于企业采用了低风险的进入模式（López-Duarte and Vidal-Suárez，2013）或在类似的高风险国家有相关经验（Kolstad and Wiig，2012），抑或非企业因素而是外部环境因素，如行业因素或国家环境因素减弱了风险对海外投资的副作用。

因此，从新制度经济学理论出发的国家风险管理更着重于企业面对将会造成不利影响的国家风险时做出的应对策略，而这些策略应当具有减弱风险或其不利影响的作用。在该理论之下，部分研究对企业的进入模式、市场选择、投资顺序以及市场退出选择等进行了研究（Delios and Henisz，2003；Kolstad and Wiig，2012；汝毅和吕萍，2014；吴小节等，2023）。然而，对企业已经置身于东道国进行项目的长期运营时该如何应对东道国风险却鲜有提及。

新制度经济学观点侧重于制度结构的作用，其也被称为组织社会学（DiMaggio and Powell，1983），通过重点研究社会结构和社会关系以及它们产生的压力如何影响组织及其对国家风险刺激的反应来对风险进行管理。该研究分支表明了社会规范和实践如何改善投资环境和政府政策，最重要的是也呈现了这些规范是如何在具有较高国家环境风险的东道国影响企业决策的。该类研究的一个显著特征是假设企业对国家风险的反应源自社会的软性文化方面（如文化和历史）和硬性制度方面（如正式规则和执行系统）（Lawton et al.，2013）。

2. 新制度理论

在制度环境中企业的社会特性假设之下，新制度理论角度的跨国投资风险研究表明制度带来模仿、规范和强制性压力，而这些压力会导致企业对东道国风险产生相似回应，引起企业组织的同质性或同构性（司月芳和李英戈，2015）。例如，由于模仿同类企业，或模仿其他公司对东道国市场的风险刺激的反应，该公司可能变得同质化。而在某些情况下，这种对风险的反应更偏向规范角度却忽视了重要的经济因素，而那些规范行为往往来自一些被认为更成功的公司（基于特质角度）或大多数公司（基于数量角度）所做出的决策。例如，当考虑进入一个高风险国家时，一个跨国公司可能并不总会采用低风险、循序渐进的，从合资到独资的进入模式；相反地，若独资模式在此国家市场被大多数跨国企业所使用，该企业很可能会直接采用该模式（Guillén，2003）。同样，由于需要符合实践和教育系统相同道德准则的规范性压力，企业可能会采取类似的风险应对策略。然而，即使现有研究提出了企业对东道国风险的反应存在规范性同构的可能性，但仍缺乏在东道国国家风险背景下影响企业行为的规范性因素和过程的实证研究。与此同时，海外子公司在面临国家风险时有很大可能会遵循它们跨国母公司的应对方式，如国家风险评估流程和方式。

3. 制度理论角度的东道国风险应对策略

基于制度理论角度出发的海外投资风险管理相关研究，主要倾向于宏观层面的国家风险管理策略。因此，在该理论下，针对发展中国家基础设施投资中的风险应对方式主要反映在企业前期如何选择东道国市场和项目以及进入模式等方面，具体策略包括：（1）对于具有较高风险的国家，跨国投资者应避免或减少在该国的投资（Giambona et al.，2017）；（2）慎重选择投资项目（Chang，Hwang et al.，2018）；（3）投资前对东道国环境进行全面评估（Wang et al.，2000）；（4）选择合适的进入模式（独资、合资、新建、并购等）（Brink，2004；Deng，Low et al.，2014）；（5）购买相应的保险，如政治风险保险（Brink，2004；Chang，Hwang et al.，2018；Lee and Schaufelberger，2014；Wang et al.，2000）等。

（二）资源理论

1. 资源—能力理论

有很多学者通过资源能力理论研究跨国投资中的风险管理（Alon and Herbert，2009；Demirbag et al.，2011；Hadani and Schuler，2013；Jiménez et al.，2014）。这类研究的共同特点之一便是强调企业及其内部风险管理资源，将东道国国家风险考虑进企业战略（尹国俊和汪志华，2015）。这些研究表明从企业内部的资源和能力视角出发是进行系统风险管理的起点（John and Lawton，2018）。

该类研究的另一个主要特点是在风险管理中使用相关资源和能力的可能性，如建立商业和政治联系以实现企业目标。这类研究假设资源和能力是绑定在一起的。企业资源往往被界定为公司获得可用风险管理因素的存量（Holburn and Zelner，2010）。

资源基础理论的风险管理假设企业之间的资源和能力是异质的。Holburn 和 Zelner（2010）认为，资源和能力禀赋的特质源于企业的独特经验，因此跨国企业在风险评估和应对策略制定管理方面的能力存在差异。基于资源基础理论的风险管理研究表明企业在资源和能力方面的差异，会影响企业的可持续竞争优势和表现（Barney，

2001)。但事实上，企业实行的有效的商业行为和经历往往都是隐秘的、不为人所知的，尤其是政治资源相关的行为（Oetzel and Oh, 2014）。

基于基础资源理论的国家风险管理主要解决两个问题。第一个问题主要关注的是将资源和能力转化成产出的东道国风险管理策略的有效性（Jiménez et al., 2014；Oliver and Holzinger, 2008）。Oliver 和 Holzinger（2008）讨论了四种风险策略如何增强企业能力以避免或减小风险（价值维持目标），或者是利用风险（价值创造目标）。然而，一些实证研究质疑了资源和能力理论角度的假设。首先，一家企业在某个环境中的资源和能力并不总会导致有利于进入国家风险市场的决策（García-Canal and Guillén, 2008）。其次，风险策略并不总能提高企业在东道国的表现。比如，Puck 等（2013）发现发展中国家的财务激励、信息和选区建立并不能减轻企业的风险暴露或从风险中获取的价值；相反，它们可能随时导致竞争劣势。第二个问题主要从资源基础角度出发采取渐进式的风险管理方式，注重企业资源和能力随时间变化的过程（Oliver and Holzinger, 2008）。值得注意的是，第一个问题更强调资源和较低水平的能力，而第二个问题主要解决被企业用以在快速变化的市场和非市场化环境中维持竞争优势的高水平或动态能力。

因此，从资源能力理论角度出发的跨国投资风险管理研究主要归类为以下几点：（1）提供了国家风险的视角。基于资源基础的风险研究通过从公司的视角研究风险对在商业环境中早期的组织经济学和国际化研究作了补充（Holburn and Zelner, 2010）。（2）拓宽了传统国家风险观念。这些研究认为国家风险不是仅会阻碍投资，相反，也是投资机会的来源（Jiménez et al., 2014），因此，企业不应规避所有风险而应当学会管理风险，将其转换成机会（Holburn and Zelner, 2010）。（3）基于企业是风险的主动管理者的假设，资源基础理论已经将从业者重视的国家风险的管理方法转变为创造和维持商业价值的工具之一。

2. 资源依赖理论

资源依赖理论主要就跨国企业与其他组织资源的关系及依赖程度来考虑东道国风险管理，主要包括东道国政府（Arnoldi and Villadsen, 2015; Dieleman and Boddewyn, 2012）、东道国的合作企业（Liu et al., 2016; Yan and Gray, 2001）、母公司（Boyacigiller, 1990）以及非政府组织（Nebus and Rufin, 2010）。该理论存在三个假设，即：（1）企业并非独立存在；相反，它们是与其他组织相互依赖的元素的网络集合（Liu et al., 2016; Pfeffer and Salancik, 2003）。（2）企业受到环境的限制。这一特点也是对跨国直接投资表现产生负面影响的东道国环境不确定性的来源。为了减少不确定性，企业有动力去改变其所处的环境（Dieleman and Boddewyn, 2012; Liu et al., 2016）。（3）企业能影响环境，使其更有利于企业的经济活动（Pfeffer and Salancik, 1978）。它们通过回应政府法规和决定（Arnoldi and Villadsen, 2015; Dieleman and Boddewyn, 2012），管理东道国合作企业（Liu et al., 2016; Yan and Gray, 2001）、公司总部（Boyacigiller, 1990）、非政府组织的关系（Nebus and Rufin, 2010）来实现。

在该理论下，关于东道国风险的讨论主要围绕两个主题展开。一个主题是研究资源相互依赖性如何影响东道国风险对海外投资的影响。在东道国制度不清晰、监管执法不力和政策可信度低的情况下，资源依赖东道国合作伙伴会对企业跨国投资的经济收益构成更大的威胁（Liu et al., 2016; Nebus and Rufin, 2010）。另一个主题主要讨论管理者如何通过管理资源相互依赖性来应对东道国风险（Arnoldi and Villadsen, 2015; Dieleman and Boddewyn, 2012; Holtbrügge et al., 2007）。该领域的研究表明，企业倾向于通过两种相互依赖的管理方法来降低风险，即讨价还价法（Bargaining Power Approach）（Bacharach and Lawler, 1981）和利益相关法（Stakeholder Approach）（Freeman, 1984）。讨价还价法补充了资源依赖理论（Pfeffer and Salancik, 2003），其主要考虑公司与东道国组织（如政府或合作伙伴公司）的二元相互依赖关系中的讨价还价能力（Blumentritt and Rehbein, 2008）。随着外国公司对重要资源的更大控制及资源依赖性的降低，讨价还价能力也随之增强（Choudhury and Khanna，2014）。与公司一样，东道国组织的议价能力反映了它们对重要资源及其资源依赖的控制能力。为此，公司与东道主组织之间的讨价还价是一种持续的资源相互依存关系，其结果取决于双方拥有和彼此需要的资源（Choudhury and Khanna，2014；Yan and Gray，2001）。也有研究在此基础上进一步探究了中国不同企业体制进入东道国的时机差异（杨娜等，2020）。

利益相关法结合了资源依赖理论和利益相关者理论（Freeman，1984；Pfeffer and Salancik，2003）。这使资源基础理论角度的跨国投资风险研究重点从二元关系中的权力问题转移到与东道国环境中的多个参与者——利益相关者的依赖关系的复杂性。利益相关法表明，对有价值的资源和能力的依赖及东道国国家风险对跨国直接投资的影响是与控制这些资源和能力的内部和外部利益相关者进行对话的结果（Holtbrügge et al.，2007）。这些相关者包含东道国政府、国家和国际非政府组织、跨国企业等。

二元和多元相互依赖可以通过风险厌恶和风险承担两种策略来管理。前者意味着企业避免投资较高的相互依赖项目（Liu et al.，2016）。也就是说，这类投资者往往不会选择在要依靠东道国环境不稳定的政府或信誉度较低的合作伙伴的东道国投资。这样的选择与制度理论角度认为国家风险将阻碍海外直接投资流入的看法一致。换个角度来看，拥有较低相互依存的海外投资的企业，具有更大机会来控制关键资源。低依赖性可以通过减少与控制资源的实体的联系（如更少的员工和较低的市场本地化）和发展内部能力（如建立合作和建立联盟来提供关键资源）来实现（Nebus and Rufin，2010）。尽管如此，风险规避策略可能会导致商业机会的丧失，引发对降低国家风险的更多疑虑（Liu et al.，2016）。这些疑虑使研究又回到了是否应该减少国家风险的问题。有研究提出，为了从机会中获益，公司可能需要接受国家风险。

资源依赖理论的主要贡献在于它从资源相互依赖的角度重新审视了传统的国家风险研究。该理论认同国家风险会对海外直接投资产生负面影响。但其也发现，企业可以通过管理相互依赖来控制政治风险。此外，该方法也表明投资者不应在不考虑国家风险背后的商机的情况下盲目选择风险规避。

3. 资源理论角度的东道国国家风险应对策略

有研究从资源能力理论与资源依赖理论角度出发提出应对跨国投资中的东道国风险应主要考虑跨国企业的政治资源、企业与其他组织资源的关系，以及通过改变环境以减少风险暴露甚至获得更好机会等方面。Deng、Low、Li 等（2014）等也在国际承包商如何从东道国政治风险管理中具备竞争优势的研究中提到，从资源理论角度来看，国际承包商与东道国各组织的关系、本地化程度、企业国际化程度、东道国子公司的所有权比例等都是跨国企业对抗政治风险的重要资源。因此，从资源相关理论角度出发，发展中国家基础设施投资中的风险管理策略比从制度理论出发更为细微，其主要包括：（1）选择风险较低的国家或市场（Chang, Hwang et al., 2018）；（2）与东道国政府保持良好的关系，尤其是国家级或省级官员（Iankova and Katz, 2003; Lee and Schaufelberger, 2014; Ling and Hoang, 2009; Wang et al., 2000）；（3）从东道国政府获得担保（Iankova and Katz, 2003; Lee and Schaufelberger, 2014; Schaufelberger et al., 2003）；（4）与东道国非政府组织或民众维持好关系（Deng, Low et al., 2014; Iankova and Katz, 2003; Ling and Hoang, 2009）；（5）与东道国本地企业建立合作关系（Brink, 2004; Chang, Hwang et al., 2018; Iankova and Katz, 2003; Ramamurti and Doh, 2004）；（6）从国际金融机构处获取项目资金（Chang, Hwang et al., 2018; Ramamurti and Doh, 2004; Schaufelberger et al., 2003）；（7）预备用以抵抗风险的商业资源（Brink, 2004）；（8）树立良好的企业形象和声誉（Chang, Hwang et al., 2018; Deng, Low et al., 2014）；（9）从母国获得支持（Deng, Low et al., 2014）；（10）依靠国际仲裁机构（Wang et al., 2000）；（11）控制核心和关键技术等（Brink, 2004）。

（三）交易成本理论

1. 交易成本理论在跨国投资风险管理中的应用

交易成本（Transaction Cost）最早是由美国经济学家 John

R. Commons 于 1931 年提出的，其最早界定了交易与商品交换的差别，并提出交易存在成本，即"交易成本"。1937 年 Ronald Coase 将"交易成本"这一术语第一次应用到企业和市场组织领域，并在 1960 年进一步从交易成本角度对企业进行了研究（Williamson, 2010）。交易成本泛指在特定环境和关系中，所有为促成交易发生而形成的成本（Williamson, 2010）。交易成本是构成经济成本的重要组成之一，如图 2-8 所示，其分为动机成本和协调成本（Dahlman, 1979；Wallis and North, 1986；Williamson, 1987）。

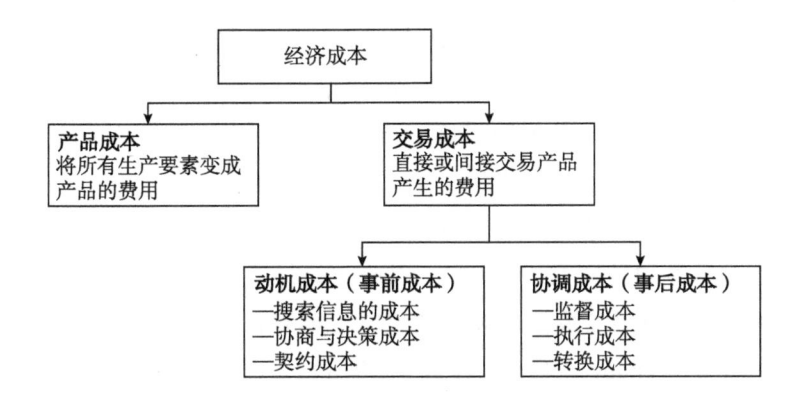

图 2-8 成本结构

资料来源：Wallis 和 North（1986）；Williamson（1987）；Dahlman（1979）。

交易成本概念被广泛用于经济学领域，产生了交易成本经济学（Transaction Cost Economics）。其中，有不少研究从交易成本经济学角度出发提出跨国公司应当从公司层面、国家层面和国际化方面增强企业竞争力（Rugman and Verbeke, 1992；颜艳和王光远, 2016）。具体如下：(1) 公司层面（或公司所有权层面）竞争力。其包含专有技术（特殊资产）和交易优势。后者反映了跨国公司通过多国协调和控制资产来节省交易成本的能力。也有研究将重点放在公司发展国际协调和控制能力上，从公司角度出发提出了风险管理的相关策略，如与当地政府、合作者建立良好关系等。其充分体现了增强公司管理整治风险能力的重要性。(2) 国家层面竞争力（区位优势）。其表明公司收益与特定国家和地区的某些活动有关。该竞争优势带来的收益可能来自结构性市场的不完善，比如，政府激励政策以及通过降低风险和从当地机会中获益来节约交易成本的潜力。（3）国际化模式选择优势。该优势主要指的是进入国外市场的不同进入模式对应着相关的利益和交易成本（如出口、特许经营、合资、FDI和其他投资形式）。

2. 交易成本理论角度的跨国投资风险应对策略

根据以上相关研究回顾可以得出，依据交易成本理论，跨国投资被认为是一种交易行为，可以从企业、国家和国际化层面降低跨国投资的交易成本，增强企业的风险对抗能力与竞争优势（颜艳和王光远，2016）。在此基础上，也有研究认为国际工程和基础设施投资也是一种交易，可以从项目层面出发控制与项目交易成本相关的因素，降低国际承包商的政治风险暴露，比如，从国际机构获得项目资金，签订有益的合同条款（如担保、保险、风险分配、固定收益、纠纷采取国际仲裁等）等（Ashley and Bonner, 1987; Deng, Low et al., 2014; 庄学敏和曾富君，2019）。因此，海外基础设施投资也可被视为一种交易，涉及交易成本相关的策略主要有：（1）从国际机构处获取项目资金（Chang, Hwang et al., 2018）；（2）建立多货币的项目收入体系（Schaufelberger et al., 2003）；（3）采用固定费率或利率进行债务计算（Schaufelberger et al., 2003）；（4）采用最优的合同结构和条款（Chang, Hwang et al., 2018; Wang et al., 2000）；（5）设置以防意外事件发生额外支付费用的条款等（Deng, Low et al., 2014; Schaufelberger et al., 2003）。

（四）海外基础设施投资风险应对策略

基于以上相关研究，风险应对是实现海外基础设施投资风险管理的关键。基于前期相关文献的回顾，中国企业在发展中国家投资基础设施项目面临着来自东道国政府、社会、法律制度以及经济环境等方面的风险。基于跨国基础设施投资项目特点和相关理论基础，相应的风险应对策略主要涉及项目前期、签订项目合同、项目融资、项目建设、项目运营等阶段，各详细应对策略清单见表2-5。

表 2-5 海外基础设施投资中的风险应对策略

投资风险应对策略	Chang, Hwang et al., 2018; 高勇强, 2007; 竣晔, 2018	Wang et al., 2000	Iankova and Katz, 2003	Lee and Schaufe-lberger, 2014	Deng, Low et al., 2014	Brink, 2004	Ling and Hoang, 2009	Schaufe-lberger et al., 2003	Ramamurti and Doh, 2004	Giambona et al., 2017	任学强, 2009	刘逸婉, 2022
选择合适的国家市场、行业及项目	√	√			√	√	√			√	√	√
选择合适的投资进入模式（独资并购/新建；合资并购/新建）	√				√	√					√	
购买风险保险	√	√		√	√	√	√			√	√	
与东道国非政府组织/民众保持良好关系	√		√	√	√	√	√			√	√	
与东道国本地企业建立合作关系	√	√	√		√	√	√		√	√	√	

续表

投资风险应对策略	Chang, Hwang et al., 2018; 高勇强, 2007; 凌晔, 2018	Wang et al., 2000	Iankova and Katz, 2003	Lee and Schaufe-lberger, 2014	Deng, Low et al., 2014	Brink, 2004	Ling and Hoang, 2009	Schaufe-lberger et al., 2003	Ramamurti and Doh, 2004	Giambona et al., 2017	任学强, 2009	刘逸婉, 2022
指定独立的审计机构对东道国合作企业的资质和财务状况进行审核		√										
采用最优的合同结构和条款	√	√										
设置以防意外事件发生额外支付费用的条款								√	√			
多元化资金来源	√							√	√			
结合本地货币和外汇构建项目收入货币体系												√
											√	

续表

投资风险应对策略	参考文献									
	Chang, Hwang et al., 2018; 高勇强, 2007; 姿晔, 2018	Wang et al., 2000	Iankova and Katz, 2003	Lee and Schaufe-lberger, 2014	Deng, Low et al., 2014	Brink, 2004	Ling and Hoang, 2009	Schaufe-lberger et al., 2003	Ramamurti and Doh, 2004	Giambona et al., 2017	任学强, 2009	刘逸婉, 2022
采用与预期收入相同的货币进行债务融资								√				
使用固定费率或利率进行债务计算								√				
建立应急信贷机制以支付意外费用								√				
结合有实力的东道国与母国承包商						√						
建筑工地封闭管理	√										√	
避免操作不当行为	√					√					√	
采取较好的劳工政策						√	√				√	
派遣员工进行专业培训项目	√											√

续表

投资风险应对策略	Chang, Hwang et al., 2018; 高勇强 2007; 埈晔, 2018	Wang et al., 2000	Iankova and Katz, 2003	Lee and Schaufe-lberger, 2014	Deng, Low et al., 2014	Brink, 2004	Ling and Hoang, 2009	Schaufe-lberger et al., 2003	Ramamurti and Doh, 2004	Giambona et al., 2017	任学强, 2009	刘逸婉, 2022
与当地商业产生紧密链接	√											
控制核心相关键技术	√										√	
遵守东道国法律法规	√					√					√	
树立良好的企业形象和声誉	√				√							
与东道国政府保持良好关系						√						
支持当地环境保护	√											
尊重当地传统文化	√				√							
从母国获得支持	√											
通过协商解决争端	√						√					

续表

	参考文献										
	Chang, Hwang et al., 2018; 高勇强, 2007; 凌晔, 2018	Wang et al., 2000	Iankova and Katz, 2003	Lee and Schaufe-lberger, 2014	Deng, Low et al., 2014	Brink, 2004	Ling and Hoang, 2009	Schaufe-lberger et al., 2003	Ramamurti and Doh, 2004	Giambona et al., 2017	任学强, 2009	刘逸婉, 2022
投资风险应对策略												
依靠国际仲裁机构和风险保单政策		√										
应急响应计划	√				√	√		√				
事后反应评估	√											

注：√表示该风险在相应文献中被提及。

四 发展中国家 FII 风险管理的理论框架

根据传统的风险传导和风险管理研究，项目风险管理主要经历风险识别、风险评估和风险应对三个阶段，同时在项目实施过程中，如出现新的风险事件，或者风险表现发生偏差，则会再次经过识别、评估、应对的流程，此步骤被称为风险监控。而这些理论大多关注外部环境风险，而对风险接受主体的内部特点关注不足。而根据脆弱性理论，基础设施系统内部脆弱性也会显著影响发展中国家风险对其产生的作用程度。因此，中国企业参与发展中国家基础设施投资的风险应对可以从减弱外部环境和降低基础设施系统脆弱性两个路径出发。但对于中国的跨国企业来说，减弱发展中国家环境中威胁的相关策略的可操作性较低。本书着重从降低基础设施项目在发展中国家的风险暴露和增强跨国企业风险应对能力两方面进行考虑，如图 2-9 所示。

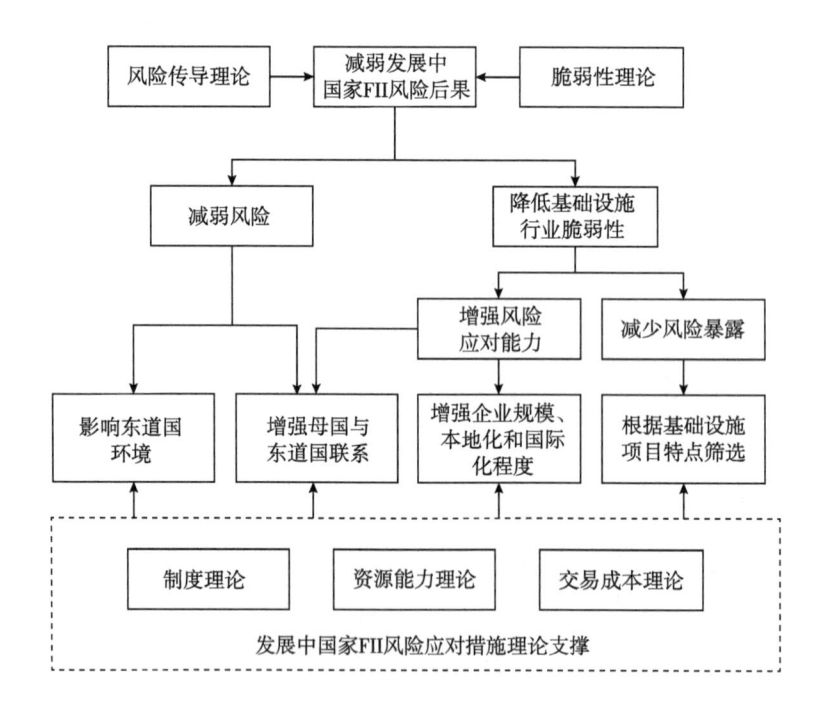

图 2-9 发展中国家 FII 风险管理路径框架

第五节　本章小结

本章基于风险传导理论和脆弱性理论就中国跨国企业参与发展中国家基础设施投资中的风险作用机制进行梳理，并在该框架下从一般风险管理流程的角度对发展中国家基础设施投资中风险识别、评估和应对进行分析。在此基础上，本章提出了发展中国家基础设施投资的风险应对路径。

第三章 变量数据收集与描述

第一节 发展中国家 FII 风险变量与基础设施系统脆弱性变量

结合前文所述相关研究，东道国风险对 FII 产生的影响受到东道国风险与基础设施脆弱性的共同作用，相关指标及其量化将分别按照这两类进行。其中，东道国风险主要受到东道国政府、东道国社会环境以及东道国经济环境的影响，而基础设施系统脆弱性则由基础设施项目和跨国企业特点共同决定。

一 东道国风险因素

通过上文对发展中国家 FII 相关研究的分析，可以发现外资参与发展中国家基础设施行业受到东道国环境变化的较大影响。而在深入探究东道国环境对中国企业参与发展中国家 FII 的作用机制之前，如何界定东道国风险因素是较为关键的。根据第二章关于 FII 面临的东道国风险的定义和相关理论，东道国风险因素与东道国的政府、社会、经济三个方面的因素密不可分（贾若愚，2016）。基于此，源于东道国的风险因素主要从以下三个方面进行识别和分类。

（一）源于东道国政府的因素（Risk from Government，GR）

源于东道国政府的因素主要包含政府稳定性、腐败、民主程度、行政效力、军事参政、外部冲突和法律制度等，这类风险因素一旦发生，会出现政府治理不力、政府过多干预项目、对项目征收或国有化、政府或其代理人支付延误等风险事件，从而造成项目的巨大损失甚至失败。

1. 政府稳定性（GR1）

该指标主要衡量东道国政府自上而下的统一性、政府受欢迎程度以及政府公信度。政府稳定性越高，则东道国风险越低。

2. 腐败（GR2）

该指标评估了东道国政府人员滥用公共权力以寻求私人利益的行为程度。东道国腐败程度越低，则东道国风险越低。

3. 民主程度（GR3）

该指标衡量了东道国政府赋予该国公民的自由尊重以及政府受到人民监督的程度，反映了东道国民众对项目的意见受到东道国政府采纳并被执行的程度，以及项目执行的透明程度等。民主程度越高，投资风险越低。

4. 行政效力（GR4）

该指标主要衡量执政政府的服务能力和质量，主要反映政府的治理能力和专业知识、履行承诺政策以及独立于政治压力的程度，以避免出现政府突然变化或政府服务中断的现象。行政效力越高，则投资风险越低。

5. 军事参政（GR5）

该指标衡量了军事力量对东道国政府进行国家治理及政策发布的干预程度。该类风险的发生在一定程度上表明执政党政府的有效运作有限，甚至会带来更多腐败、形成武装反对派等，会造成对外国企业极为不利的环境。军事参政程度越高，带来的风险越高。

6. 外部冲突（GR6）

该指标衡量了东道国政府对外行动的风险，包括非暴力的外部压力（外交压力、扣留援助、贸易限制、领土争端、制裁等）、暴力的外部压力（交叉压力）、边界冲突、全面战争等。外部冲突会在诸多方面对外国企业产生不利影响，从限制经营到贸易和投资制裁、扭曲经济资源分配，再到社会结构的暴力变化。因此，外部冲突越高，风险越高。

7. 法律制度（GR7）

该指标反映了公众对东道国政府或代理人信任和遵守社会规则的程度，尤其是合同执行、财产受到保护、警察和法院的质量以及犯罪和暴力的可能性。这类风险因素的政治风险事件主要有立法改变、法律/法规/政策变更、法律结构/体系不完善、法律体系效率低下、制度规章/政策效力不足、制度规章流程规定过于繁杂、现存法律政策排斥外资、司法仲裁体系不完善、国际公约遵守程度不高、税收政策改变阻碍外资经营、关税政策调整不利于外资进入等。因此，东道国法律环境越完善、越稳定，风险越低。

（二）源于东道国社会环境的因素（Risk from Social Environment, SR）

源于东道国社会的宗教、种族、民族等因素往往会引起较大的暴力事件，该类风险因素主要分类如下。

1. 内部冲突（SR1）

该指标衡量了东道国政治事件对政府治理的实际或潜在影响。该指标包含了内战/政变威胁、恐怖主义、城市不稳定。内部冲突越多，带来的风险越大。

2. 宗教冲突（SR2）

该指标衡量了东道国宗教团体对政府治理的实际或潜在影响。东道国宗教冲突越严重，东道国风险越高。

3. 民族、种族关系紧张（SR3）

该指标衡量了一个国家内因种族、民族或语言分歧而产生的紧张程度。紧张程度越高，风险越大。

（三）源于东道国经济环境的因素（Risk from Economical Environment, EE）

源于东道国的经济环境压力也会对该国的投资环境造成影响，该风险来源主要包含社会经济压力和投资环境限制两方面。

1. 社会经济压力（EE1）

该指标衡量了东道国中可能限制政府行为或加剧社会不满的社会经济压力。其主要包含失业率、消费者自信以及国家贫困度等。一个国家经济压力越大，带来的投资风险也就越高。

2. 投资环境限制（EE2）

该指标衡量了对跨国投资有影响的东道国经济限制方面的风险因素，主要表现为合同违约、项目征收、汇率不稳定、外汇汇兑限制、贸易限制、高额关税、限制外资回报率、限制外资利润回流到母国、东道国政府操控经济等。东道国对外资的投资限制越多，跨国企业面临的风险也就越高。

（四）东道国风险的量化

东道国风险的量化主要基于应用较为广泛的国际机构的数据，包含 PRS Group、World Bank 和 Transperancy International，如表 3-1 所示。这些数据库在跨国投资和国际工程相关研究中已经得到了广泛应用（Busse and Hefeker，2007）。东道国国家的风险状态基于对这些数据库的风险数据进行的评估和反映，分数越高表明东道国的投资环境越好，那么相应的国家风险也就越低。

表 3-1　　　　　　　　国家风险因素数据来源

编号	因素	数据来源	数据提供者
GR1	政府稳定性	International Country Risk Guide，ICRG	The Political Risk Service Group，PRS Group
GR2	腐败	Transperancy International	Transperancy International
GR3	民主程度	ICRG	PRS Group
GR4	行政效力	World Govern Index，WGI	World Bank
GR5	法律制度	WGI	World Bank
GR6	军事参政	ICRG	PRS Group
GR7	外部冲突	ICRG	PRS Group
SR1	内部冲突	ICRG	PRS Group
SR2	宗教冲突	ICRG	PRS Group
SR3	民族、种族关系紧张	ICRG	PRS Group
EE1	社会经济压力	ICRG	PRS Group
EE2	投资环境限制	ICRG	PRS Group

二 基础设施系统脆弱性因素

通过第二章中关于脆弱性理论的相关研究可以得知，中国企业参与发展中国家 FII 的脆弱性可以从项目本身特点导致的风险暴露、项目参与主体——跨国企业所具有的风险应对能力以及东道国与母国之间的关系三个方面进行分析。基础设施行业的风险暴露，主要源于基础设施项目本身的特点，其使项目和中国投资者暴露在东道国环境存在的威胁中；而项目风险应对能力，主要指的是项目投资者通过各种方式和资源降低项目的风险暴露；东道国与母国之间的关系主要由两国的文化距离、贸易往来等因素决定。

（一）基础设施项目风险暴露（Exposure of Risk，ER）

根据相关研究，海外基础设施项目的风险暴露主要源于项目本身的特点，即受东道国对基础设施投资的需求程度（ER1）、合同周期（ER2）以及合同级别（ER3）的共同影响。

1. ER1

东道国的基础设施水平决定了该国对基础设施投资的需求程度（ER1）。如果东道国的基础设施状况较好，则其对基础设施投资的需求较小，反之则需求较大。用于衡量发展中国家既有基础设施水平的数据来自世界银行数据库（World Economic Forum，2021）。这些数据范围从 1 到 7，分数越低，表明该国基础设施水平越差，其对基础设施投资的需求也越低。

2. ER2

项目合同期（ER2）主要指的是东道国政府与跨国投资者就基础设施投资项目所签订的合同中确定的项目周期，包括项目前期准备、项目融资、项目建设、项目运营和项目移交的时间跨度。这些项目数据主要来自世界银行的私营资本参与数据库（World Bank，2023）。项目合同周期越长，意味着风险暴露程度越高。

3. ER3

跨国投资者与东道国政府签订基础设施投资项目合同通常会涉及不同的政府级别，而不同政府级别对于项目风险的承担能力和信用度都存在较大差异。因此，根据与跨国投资者签订合同的东道国政府级别，将项目合同授予级别（ER3）分别用1、2、3来划分。数字越大，表明合同级别越高，则该项目的风险暴露程度越低。

（二）跨国企业风险应对能力（Capacity of Coping with Risks，CC）

跨国企业的风险应对能力主要受到跨国企业规模（CC1）、跨国企业在东道国的本地化程度（CC2）以及国际化程度（CC3）等方面的影响。

1. CC1

跨国企业规模（CC1）由跨国企业当年的全球营业收入来衡量，数据主要源于跨国企业官方公布的年报等资料。其总的营业收入越高，则表明其承担风险造成的损失的能力也就越强。

2. CC2

跨国企业在东道国的本地化程度（CC2）是通过跨国企业在东道国的基础设施投资占该国所有跨国企业参与基础设施投资的总额的比重来计算的。该指标表明跨国投资者在东道国的本地化程度越高，则其对东道国环境越为熟悉，经验越为丰富，那么其应对当地风险的能力也就越强。该指标的计算方式见式（3-1）：

$$CC2_{ij} = (FDII_{ij}/FDII_j) \times 10 \tag{3-1}$$

其中，$CC2_{ij}$为中国跨国企业i在东道国j的本地化程度，FII_{ij}为跨国投资者i在东道国j参与的所有基础设施投资的总和，FII_j为东道国j有跨国投资者参与的基础设施投资额之和。

3. CC3

跨国企业的国际化程度（CC3）主要由该企业在全球范围内的项目所在国家数量在全球国家/地区中的占比来计算。其参与投资的基础设施项目分布国家越多，用于应对跨国投资中风险的资源越多，风险应对经验也就越丰富。该指标的计算见式（3-2）：

$$CC3_i = (Countries_i/204) \times 10 \tag{3-2}$$

其中，$CC3_i$为跨国企业i的国际化程度，$Countries_i$为跨国企业i在全球范围内投资项目分布的国家数量，204为发展中国家和地区的数量。

(三) 东道国与母国关系 (Relationship between Host and Home Countries, RH)

东道国与母国关系主要通过两国之间的政治联系、贸易联系以及文化距离三个方面来进行量化。

1. RH1

政治联系 (RH1) 主要通过两国之间是否签订双边贸易协定、是否存在殖民关系以及是否加入同一地区组织三个方面来进行量化。

2. RH2

贸易联系 (RH2) 通过东道国与母国之间的双边贸易总额来量化，衡量了两国之间的贸易联系程度。

3. RH3

文化距离 (RH3) 主要依据 Hofstede 理论，从权利距离、不确定性规避、个人主义/集体主义、男性化与女性化、自身放纵与约束、长期取向与短期取向六个方面来进行量化 (Hofstede, 2001)。

第二节 基于发展中国家基础设施项目案例的应对策略识别

基于相关文献回顾，本书识别出了表 2-5 中的 FII 风险应对策略，但这些策略大多基于以往文献研究，缺乏专门针对跨国基础设施投资的考虑。因此，本书通过实践案例分析，对文献识别出的应对策略进一步补充和完善。本书选取了中国跨国企业在发展中国家投资的六个基础设施项目案例进行分析，重点关注这些中国企业在这些项目中如何应对东道国的风险，其他项目相关信息在附录 B 中呈现。

一 孟加拉国帕亚拉燃煤电站项目

孟加拉国帕亚拉燃煤电站项目位于孟加拉国南部城市巴里萨尔 (财政部政府和社会资本合作中心，2017)。项目总投资约 24.8 亿美金，由中国机械进出口 (集团) 有限公司 (为中国通用技术集团控股有限责任公司资方，运作方式为 BOO，付费机制为政府付费，于

2016年9月签订实施协议正式落地,主要风险因素应对策略如表3-2所示。

表3-2　　孟加拉国帕亚拉燃煤电站项目风险应对

风险类型	风险应对策略
社会风险	东道国政府负责承担公众带来的风险
市场限制风险	实行波动的定价规则
经济风险	汇率锁定或套期保值

对于社会风险,如征地农民就业及生活等,该项目得到了当地政府的支持,并将该风险转移给孟加拉国政府,但考虑到项目的长期运营,解决好征地农民就业等问题需要动态考虑,以避免造成民众冲击项目事件。

对于市场限制风险,虽然孟加拉国政府非常鼓励外资进入电力市场,投资环境也并不严苛,但孟加拉国既有基础设施水平较低,并且存在政局不稳定、员工罢工、政府官僚等风险,因此制定电价机制时应充分考虑该部分风险可能带来的影响。

对于经济风险,本项目在工程建设及运营期间都将面临较大的汇率风险,再加上风险的动态特征,在签署涉及外汇交易的合同时,应当考虑该风险应对的策略对其他风险的影响。例如,政治风险与汇率风险相互影响,在用电定价时应当充分考虑汇率锁定或套期保值等应对策略带来的影响。

二　柬埔寨甘再水电站项目

甘再水电站项目位于柬埔寨西南部大象山区的甘再河干流之上,距离柬埔寨首都金边西南方向150千米的贡布省省会贡布市15千米处,项目所在地交通状况良好(财政部政府和社会资本合作中心,2017)。大坝为碾压混凝土重力坝,水电站总装机容量为19.32万千瓦,年平均发电量为4.98亿度。柬埔寨甘再水电站项目是中国水电建设集团公司第一个以BOT模式开发的境外水电投资项目。甘再水电站的主要功能是发电,同时具备城市供水及灌溉等辅助功能。本项目建设期为 4 年，运营期为 40 年，总投资额为 2.805 亿美元。合同约定的主要风险因素及分配应对方式如表 3-3 所示。

表 3-3　柬埔寨甘再水电站项目合同约定风险承担及应对

风险识别	风险应对
项目决策	—
建设风险	—
设计风险	—
信用风险	(1) 东道国主权担保；(2) 购买保险
金融风险	实行多种货币结算和项目运营
政治风险	(1) 购买政治风险保险；(2) 东道国政府出具担保函
法律风险	形成较为全面的法律和制度
环境保护风险	获得当地政府支持
不可抗力风险	投保商业保险

但是，也有风险在合同约定之外发生，其中最重要的便是资源供应风险，而中国水电并未能提前识别该风险。这是因为，柬埔寨工业欠缺且建筑材料供应较少，导致部分设备的工业准备周期长，再加上也遇到了海关方面的物资扣留。比如，2009 年 3 月，项目所需的部分中国出口的原材料被海关扣押约 30 天，从而影响了工期。为应对该风险，项目部安排专人与柬埔寨海关进行沟通，及时解决了货物供应问题。同时，为避免设备无法按时进场，施工方也提前完成大型设备的采购，尽量就地取材或购买当地的产品及在雨季前施工准备。即便如此，因未充分考虑项目风险发生的动态性，也给项目公司带来一定的损失。

同时，对于法律和担保风险，由于 2005 年柬埔寨战乱刚结束以及 GDP 比较低，中信保将柬埔寨评级划为风险较大的国家，所以就甘再项目而言，具有支付项目电费责任的柬埔寨国家电力公司支付能力弱。因此，甘再项目的项目管理人员与柬埔寨政府进行大量的协议前期工作，最终柬埔寨政府同意并出具了主权担保，若柬埔寨国家电力公司的支付难以维持，则由政府接替完成款项支付。这也表明，当市场需求风险超出社会资本承担上限时，该风险可由政府承担部分。

三 牙买加 H2K 高速公路南北线项目

牙买加 H2K 高速公路南北线项目（以下简称牙买加高速项目）目前已建成通车，于 2066 年移交（财政部政府和社会资本合作中心，2017）。牙买加高速项目，是牙买加历史上规模最大的交通运输类项目，同时也是中资企业在海外首个以政府与社会资本合作（Public Private Partnership，PPP）模式开展的高速公路项目。本项目在实施过程中遇到了诸多难题，比如：在项目的管理过程中，面临着贷款融资金额巨大，项目公司难以完成的融资风险；中国和牙买加两国法律体系不同，存在项目审批困难的法律和行政风险；可能会出现政权变更，导致国家解体或新任政府不承认以往的债务和协议的政治风险；施工技术无法达到要求的建设风险以及车流量和收费标准达不到预期的运营风险等。

但该项目得以顺利实施，是比较成功的案例之一。该项目在全生命周期过程中保持良好的动态风险管理，这是项目成功的重要因素之一。项目中资企业始终保持与牙买加政府的良好沟通，项目前期预测识别的风险保持原则化，在与牙方政府的不断沟通中进行具体责任划定。如果在运营期存在车流量和收费标准达不到预期，在该风险无论采取何种策略都会超过自身结构较为薄弱的社会资本承担上限时，该运营风险会重新分配给政府，由牙方政府实行所得税减免、关税免退、零税率等一系列税收优惠。因此，牙买加高速项目的成功不是偶然，它不仅归功于中资企业的优秀运行管理，更是依赖了风险动态管理的良好应用。

四 哥伦比亚马道斯高速公路项目

哥伦比亚马道斯高速公路项目于 2015 年 9 月由中国港湾工程有限责任公司牵头的联合体中标，其他五家合作伙伴占股 5% 到 20% 不等（财政部政府和社会资本合作中心，2017）。该项目主要面临来自法律、技术和汇率几方面的风险。哥伦比亚的法律体系复杂，中哥双方存在法律差异，因此法律风险在项目实行过程中成为阻碍。同时，项目投资回报可能受到汇率波动的不利影响，此外，哥伦比亚地质情况较为复杂，该项目也面临较高的技术风险。这些风险的应对如表3-4所示。

表3-4　　　　哥伦比亚马道斯高速公路项目风险应对

风险类型	风险应对策略
法律风险	全面了解东道国法律
汇率风险	采用多种货币结算；东道国赔偿
技术风险	全面的地质勘探

通过对该项目案例的深入分析，可以发现参与该项目的中资企业在管理过程中时刻保持动态风险管理。项目公司在分配初期若与当地政府谈判将部分风险分配给政府承担，则可共同承担风险。若采取保险公司转移风险这样的策略，风险便不分配给当地政府，由项目公司承担。同时，也应考虑到社会资本确实无法承担时，溢出风险会回流至政府方的风险回流问题。

五　巴基斯坦卡西姆港燃煤电站项目

卡西姆港燃煤电站项目位于巴基斯坦卡拉奇市东南方约37千米处卡西姆港口工业园内，紧邻阿拉伯海沿岸滩涂（财政部政府和社会资本合作中心，2017）。该项目总投资约为20.85亿美元，总装机容量为132万千瓦，年均发电量约90亿度，以BOO模式投资开发。该项目由中国电力建设集团中标，项目建设期为36个月，运行期为30年。该项目主要风险及其采取的应对策略如表3-5所示。

表3-5　　　　巴基斯坦卡西姆港燃煤电站项目风险应对

风险类型	风险应对策略
政局不稳定风险	购买政治风险保险；与东道国政府保持良好关系
社会安全风险	东道国政府提供支持
燃料供应风险	全球供应链的原材料供应

六　东非亚吉铁路项目

亚吉铁路是连接埃塞俄比亚首都亚的斯亚贝巴和吉布提港的重要

铁路干线，全长约 75 千米，设计客运时速 120 千米、货运时速 80 千米，初期运能设计为 600 万吨/年，远期通过复线改造可将运量提升至 1300 万吨/年（财政部政府和社会资本合作中心，2017）。项目总投资约 40 亿美元（含机车车辆采购），本项目为 EPC+OM 的运作方式，中国中土集团与中国中铁联营体参与了该项目的运营管理。本项目在实际操作过程中主要面临技术风险和信用风险，其应对策略如表 3-6 所示。

表 3-6　　　　　　　东非亚吉铁路项目风险应对

风险类型	风险应对策略
技术风险	采用母国技术标准
信用风险	东道国政府提供主权担保；当地政府提供主权借款；购买保险

七　基于多案例修正后的应对策略

基于前文所形成的海外基础设施投资风险应对策略框架，风险应对分为降低风险暴露和增强风险应对能力两类，识别出的应对策略的分类可见表 3-7。

表 3-7　　　基于案例的发展中国家风险应对策略及分类

	风险应对策略	降低风险暴露（SET）	增强应对能力（SRI）
S1	选择合适的国家市场、行业和项目	√	
S2	选择合适的市场进入模式	√	
S3	选择周期更短的项目		√
S4	购买风险保险	√	
S5	与东道国政府保持良好关系	√	
S6	与东道国非政府组织/民众保持良好关系		√
S7	从东道国政府获得相应的担保		√
S8	与东道国本地企业建立合作关系	√	
S9	事前全面的风险评估		√

续表

风险应对策略		应对策略分类	
		降低风险暴露（SET）	增强应对能力（SRI）
S10	指定独立的审计机构对东道国合作企业的资质和财务状况进行审核		√
S11	采用最优的合同结构和条款	√	
S12	设置以防意外事件发生额外支付费用的条款		√
S13	使用项目融资结构将项目风险与整体公司风险分开		√
S14	排除不适用于东道国环境的合同条款		√
S15	多元化资金来源		√
S16	结合本地货币和外汇构建项目收入货币体系		√
S17	采用与预期收入相同的货币进行债务融资		√
S18	使用固定费率或利率进行债务计算	√	
S19	建立应急信贷机制以支付意外费用	√	
S20	结合有实力的东道国与母国承包商	√	
S21	建筑工地封闭管理		√
S22	避免操作不当行为		√
S23	采取较好的劳工政策		√
S24	采用当地安保服务		√
S25	派遣员工进行专业培训项目		√
S26	与当地商业产生紧密链接	√	
S27	控制核心和关键技术	√	
S28	灵活的供应链管理		√
S29	遵守东道国法律法规	√	
S30	树立良好的企业形象和声誉	√	
S31	如果项目被延迟，则相应税收也应被推迟		√
S32	随着市场情况改变运营策略		√
S33	支持当地环境保护		√
S34	尊重当地传统文化		√
S35	根据合同向违约方索赔		√
S36	从母国获得支持		√
S37	通过协商解决争端	√	
S38	依靠国际仲裁机构和风险保单政策	√	

续表

风险应对策略	应对策略分类	
	降低风险暴露（SET）	增强应对能力（SRI）
S39 应急响应计划		√
S40 事后反应评估		√

第三节 问卷调查

中国涉及海外基础设施投资的企业众多，无法逐一获取相关数据，因此本书应对策略有效性量化主要通过问卷调查进行。该方法在国际工程风险管理领域的应用极为广泛（Chang, Deng et al., 2018; Wang et al., 2004），也同样适用于本书的研究。本书将基于文献回顾部分形成的策略，形成相应的问卷，以收集应对策略的量化数据。该问卷主要针对中国在海外基础设施投资的企业进行。

一 问卷设计

本书的问卷设计主要涉及两个部分，主要包括受访者基本信息和海外基础设施投资中的风险应对策略有效性评估。

（一）受访者基本信息

该部分旨在调查受访者参与项目的情况，涉及被访者的工作单位、职位、参与项目数量、类型及工作年限等基本信息。

（二）风险应对策略有效性评估

该部分内容主要就受访者对海外基础设施投资中风险应对策略的有效性进行评估。该部分的有效性评分也使用了 5 分李克特量表（Likert, 1932），且从 1 到 5 表示该策略的有效性从极低到极高。

二 试调研

在该问卷初步设计完成后，进行了问卷试调研，旨在就问卷的合理性和可靠性进行了解。在该阶段，主要邀请了八位与海外基础设施项目投资相关的行业专家和学者。根据他们的意见，对问卷进行了初步修改，并最终形成研究问卷，如附录 B 所示。

三　调查样本

样本选择是调查类研究的重要基础（Fowler Jr，2013），主要分为随机抽样和非随机抽样。随机抽样，就是调查对象总体中每个部分都有同等被抽中的可能，也就是按照等概率的方式进行样本抽取，主要用于调查对象总体明确的情况。而非随机抽样主要是样本总体不明确，且各个部分被抽取的概率未知，其一般按照研究目的进行样本抽取。本研究所涉及的调查对象样本较大，无法逐个获取它们关于风险应对策略的反馈，因此采用非随机抽样的方法进行（Patton，2014）。基于非随机抽样方法，本研究主要采用了目标抽样和滚雪球的方式进行样本抽取。首先通过目标抽样，选择来自政府、金融机构、投资企业、咨询机构、保险机构以及高校/研究机构的受访者，在此基础上请受访者推荐具有海外基础设施投资经验的专业人员。

四　问卷回收

此次问卷调查主要采取线上方式进行，通过邮件和微信等方式完成问卷的发放和回收，最终获取了来自中国基础设施投资相关领域的业界专家和学者的问卷 221 份，实际回收问卷 54 份，总体回收率 24.43%。虽然该比例不高，但是在工程管理领域，该比例已较为合理，并被接受，如在 Wang 等（2000）关于 BOT 项目的政治风险管理的研究中，其问卷回收率仅为 13.3%。因此，本书问卷回收的有效性符合该领域的研究需求。

五　问卷数据有效性

为使收集的问卷数据能反映真实情况，有必要就问卷数据的有效性和可靠性进行检验。这些检验主要通过信度检验来实现（Chen and Doloi，2008），并使用克隆巴赫系数（Cronbach's Alpha）作为判定的信度系数，以检验数据的一致性。该系数区间为 0 到 1，在 0.7 及以上表明该指标和模型是可信的（Afthanorhan，2013）。本书计算了问卷中风险应对策略部分的克隆巴赫系数，结果如表 3-8 所示。可以看出，所有系数均大于 0.9，符合信度要求，因此，本书问卷数据具有极高的信度。

表 3-8　　　　　　　　调查问卷信度检验结果

因素	因素数量	克隆巴赫系数
风险应对策略效力（政府行为）	10	0.905
风险应对策略效力（法律法规）	11	0.945
风险应对策略效力（社会环境）	3	0.919

六　问卷数据描述

（一）基本信息

参与本调研的受访者来自不同单位，具体分布如图 3-1 所示。其中，来自具有跨国基础设施投资业务的企业比例最高，达到 48%。其余依次来自政府部门、保险机构、高校/研究机构、咨询机构和金融机构，占比分别为 15%、11%、9%、9% 和 8%。

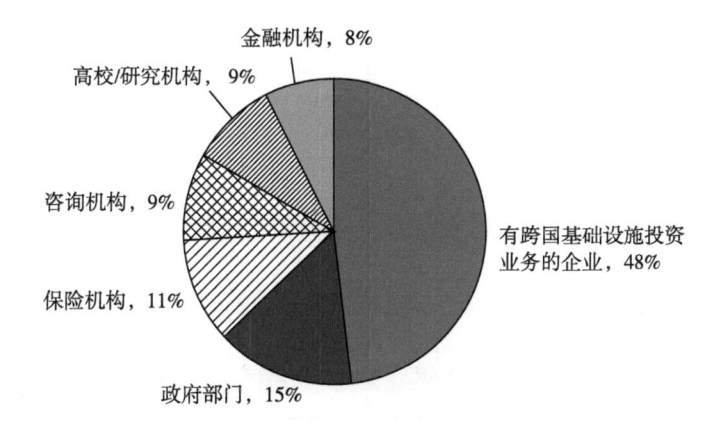

图 3-1　受访者所属单位

同时，90% 以上受访者的职级为中层及以上管理人员，如图 3-2 所示。而较高职务的人员往往被认为更了解行业和业务情况。因此，本问卷受访者更了解海外基础设施投资领域，其得出的分数更能反映行业真实情况。

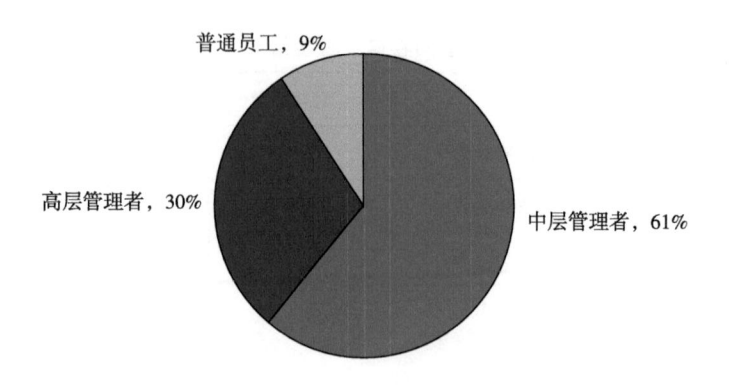

普通员工，9%
高层管理者，30%
中层管理者，61%

图 3-2　受访者担任职务级别

超过75%的受访者具有6年及以上海外基础设施领域的工作经历，如图3-3所示。由此可见，受访者具有较为丰富的行业经验，问卷结果可信度较高。

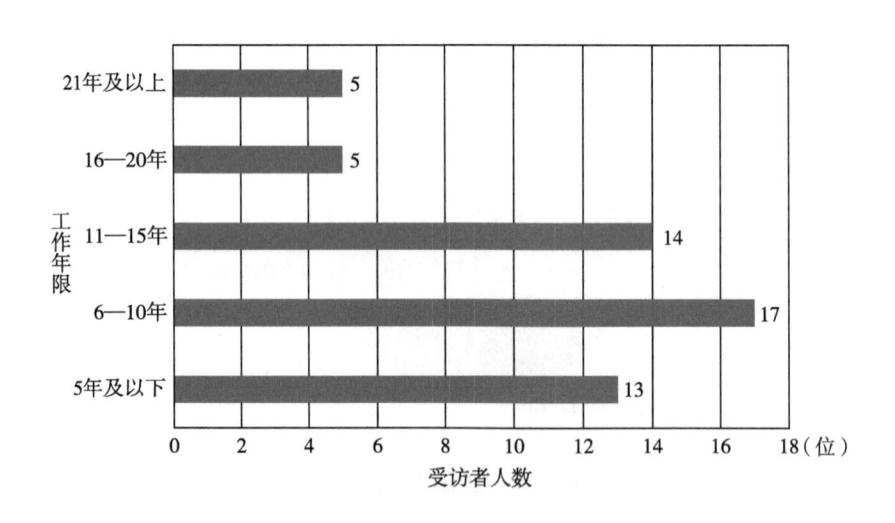

工作年限	受访者人数
21年及以上	5
16—20年	5
11—15年	14
6—10年	17
5年及以下	13

图 3-3　受访者从事跨国基础设施行业的工作年限

本问卷受访者参与的基础设施项目类型集中在能源与交通部门，少部分在水务和通信行业，详见图3-4。同时，调研时发现不少受访者从事的基础设施行业部分不局限于单一行业，具有较为丰富的基础设施行业经验。

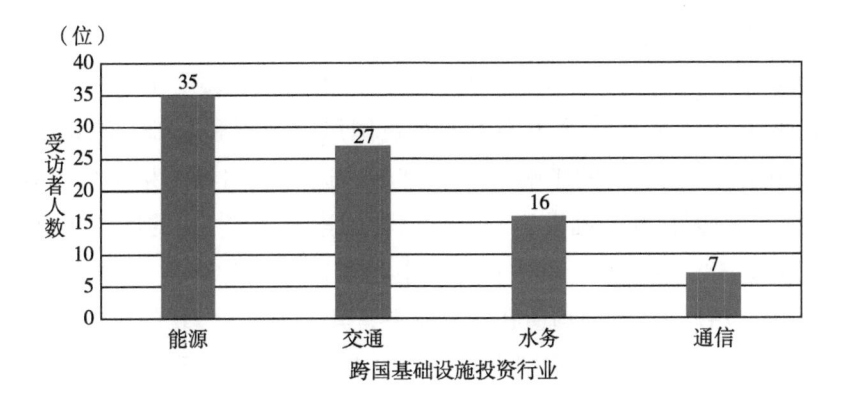

图 3-4 受访者参与跨国基础设施投资的行业分布

在本次问卷调查中，具有 6 个项目及以上经验的受访者占比超过 50%，如图 3-5 所示。此外，也有 43% 左右的受访者的项目经历在 5 个及以下。进一步分析发现这部分受访者中仅有 5 位的项目经历为 2 个，其余在 3—5 个。

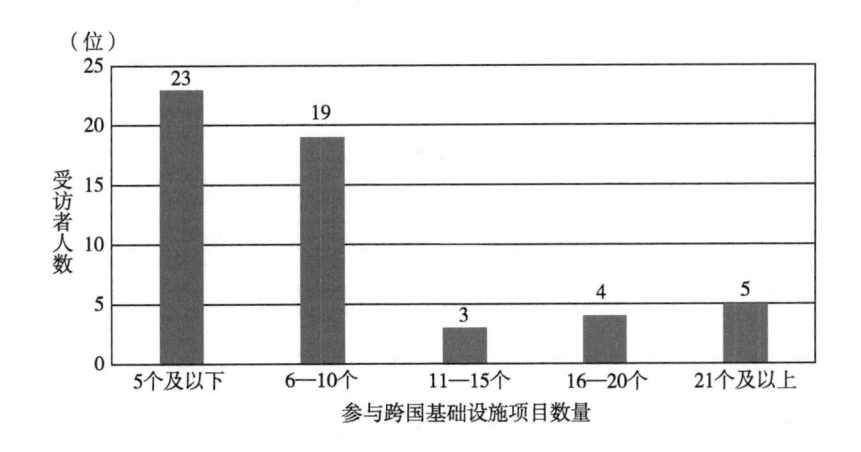

图 3-5 受访者参与跨国基础设施项目数量

(二) 东道国风险和脆弱性因素

为检验识别出的东道国风险因素和基础设施系统脆弱性因素的完整性和合理性，本书采用问卷调查法对跨国基础设施领域的国内外学术界和业界专家就政治风险及相关影响因素的重要性进行了调查，评分为1—5，表示重要性从低到高。详细问卷可以查阅附录B。

表3-9呈现了21个识别出的东道国风险因素和基础设施系统脆弱性因素对FII项目的影响得分和排名。通过该问卷结果可以发现，东道国风险因素和基础设施系统脆弱性因素对中国FII的影响程度的区间为2.389—4.815，其中仅有民主程度风险（2.389）和文化距离因素（2.741）的影响均值在3分以下，其余因素对FII的影响均在3分及以上。由此可见，识别出的风险因素和基础设施系统脆弱性因素对FII具有较为重要的影响，其被认为是有效的。

表3-9　东道国风险因素及脆弱性因素对FII影响的问卷结果

因素类别		编号	因素	重要程度	均值	标准差	排名	组间均值	各组排名
东道国环境	政府行为（GA）	GR1	政府/政治稳定性差	0.963	4.815	0.474	1	3.539	5
		GR2	腐败	0.678	3.389	0.780	16		
		GR3	民主程度低	0.478	2.389	0.970	21		
		GR4	行政效力低下	0.604	3.019	0.805	19		
		GR5	军事参政	0.667	3.333	1.036	17		
		GR6	外部冲突	0.830	4.148	0.931	4		
		GR7	法律制度	0.735	3.677	0.927	10		
	社会环境（SE）	SR1	内部冲突	0.915	4.574	0.807	2	4.173	1
		SR2	宗教冲突激烈	0.819	4.093	0.986	5		
		SR3	民族、种族关系紧张	0.770	3.852	1.026	7		
	经济环境（EE）	EE1	东道国社会经济压力	0.693	3.463	0.937	14	3.712	3
		EE2	投资环境限制	0.792	3.960	0.881	6		

续表

因素类别		编号	因素	重要程度	均值	标准差	排名	组间均值	各组排名
基础设施行业脆弱性	东道国与母国关系（RH）	RH1	政治联系不紧密	0.693	3.463	1.067	15	3.142	6
		RH2	贸易联系程度低	0.644	3.222	0.809	18		
		RH3	文化距离大	0.548	2.741	1.057	20		
	投资企业应对风险能力（CC）	CC1	投资者规模	0.711	3.556	0.916	12	3.593	4
		CC2	本地化程度	0.741	3.704	0.853	8		
		CC3	国际化程度	0.704	3.519	0.811	13		
	基础设施项目特征（ER）	ER1	东道国对项目的需求程度	0.859	4.296	0.627	3	3.759	2
		ER2	项目合同周期	0.741	3.704	0.831	9		
		ER3	项目合同授予级别	0.715	3.574	1.047	11		

就问卷结果中的单个因素排名来看，东道国环境中，政府/政治稳定性差是FII中影响最大的因素，得分为4.815，这表明东道国政治稳定性是中国跨国基础设施投资者认为影响最大的因素，如中国FII中出现了不少因执政党更迭或政局动荡而造成的项目停滞的情况。此外，内部冲突（得分4.574，排名第二）也被认为对FII影响极大，该类风险主要包括内部冲突、战争、骚乱和恐怖主义等风险事件，其一旦发生，会造成项目停滞或中止。就基础设施行业脆弱性而言，东道国对项目的需求程度（得分4.296，排名第三）被认为是影响FII中对抗投资风险的重要因素，正如之前所提到的，基础设施项目主要服务于公众，若东道国对其需求程度高，那么东道国政府和非政府组织也更有意愿为项目提供支持，从而提升项目应对东道国风险的能力，降低其系统脆弱性。

就各个因素组的影响分数排名来看，来自东道国的社会环境排名第一，得分4.173，该组风险因素涉及内部冲突、宗教冲突激烈、民族和种族关系紧张等，这类风险往往是东道国社会环境日积月累形成的，难以依靠东道国或母国支持而减弱其影响，一旦发生也会对项目产生致命的打击。基础设施项目特征（得分3.759，排名第二）也对中国 FII 的影响重大，其中东道国对该项目的需求程度尤为重要。此外，东道国经济环境因素组也是重要的影响因素（得分 3.712，排名第三），其主要包含经济环境造成的社会压力以及经济政策变动等不利于外资进入及运营等的风险事件。这类风险往往会造成项目收益减少甚至亏损，严重时也可能造成项目中止。

第四节　本章小结

本章就本书所涉及的变量数据获取方式和数据情况进行了详细的介绍和展示。首先，根据上一章提出的东道国环境中的风险因素和基础设施系统内部脆弱性因素，根据相关数据库量化了这些因素，并详细描述了量化方式和数据来源。其次，依据中国企业在发展中国家投资的基础设施项目案例，进一步完善从文献中识别出的应对策略。基于识别出的理论因素和应对策略，形成相应的问卷，通过问卷调查收集相关变量数据，并对收集到的变量数据进行展示。最后，根据问卷数据分析了识别出的东道国风险因素和基础设施脆弱性因素的有效性。

第四章　FII现状与发展中国家风险

基于第三章已经识别和量化出的发展中国家基础设施投资风险因素及基础设施系统脆弱性因素，本章就作为东道国的发展中国家的基础设施市场中外资参与的历史沿革和现状进行梳理，为中国跨国投资者参与这些发展中国家基础设施市场提供更为全面的信息，降低海外基础设施投资风险。

第一节　基础设施建设的历史考察

基础设施"infrastructure"这个词是拉丁语前缀"infra"与法语词汇"structure"（源于拉丁文"structura"）的组合，意思是"下面的结构"，意指地面下的建筑，如隧道、水和天然气系统等。1875年，这个词最早在法语中出现，指的是建立基板材料的路基，是铺设铁轨或人工铺设路面之前所需。自1887年之后其被作为英语词汇，意指"构成任何操作或系统基础的装置"（Online Etymology Dictionary，2019）。到20世纪40年代北约组建后，"infrastructure"一词被美国广泛用于军事领域，指诸如空军基地（OED）等固定设施。到1970年，城市规划者才将该词赋予了现代民用意义。如今，基础设施已成为一个更为广泛的术语，用来表示重要的、能被大范围共享的、人为建立的资源或设施（Edwards，2002）。因此，鉴于本书的基础设施研究范围主要集中于为社会提供公共服务的设施类，本节将对1970年基础设施概念被赋予民用设施含义前后的概况进行梳理。

一　1970年之前的基础设施起源及发展

在1820年之前，基础设施主要包含道路和运河。世界上第一条铺砌的道路是在公元前4000年的乌尔建造的。在公元前500年，Darius I the Great 在波斯（现在的伊朗）建立了广泛的道路系统，包括皇家大道。而随着第一次工业革命的兴起，制造行业效率大幅提升，贸易频率增加，这也使英国交通繁忙程度急速提高，但道路状况却不断恶化，由此，Turnpike Trusts 建造了收费公路。该收费公路模式后来也在美国得到推广，通常由政府特许经营的私营公司建造。这也是早期的私营资本参与基础设施项目的例子。1925年，意大利成为世界上第一个建造类似高速公路的国家，其将米兰与科莫连接了起来。德国于1935年开通了从法兰克福到达姆施塔特的高速公路，成为世界上第一个限制进入的高速公路网。在美国，州际公路系统于1956年被授权，大部分系统在1960—1990年完成。

1811年，世界上第一条城际铁路出现，连接了利物浦和曼彻斯特。在接下来将近一个世纪的时间里，铁路成为英国甚至世界上很多国家的主要交通运输方式。到1863年，伦敦地铁部门成立，1890年，首先开始使用电力牵引和深层隧道。紧接着，布达佩斯和许多其他城市开始使用地铁系统。到1940年，英国已经有19个地铁系统被投入使用。

公元前4000年，建立在美索不达米亚（现在的伊拉克和叙利亚）的运河，是目前已知最古老的运河。但在第一次工业革命之后，由于建造成本和运输时间的缘故，内陆运河逐渐被铁路取代。

19世纪初，英国凯里爵士开始研究设计和制造飞机。直到20世纪初，美国莱特兄弟二人制成了世界上第一架能稳定飞行的可载人动力飞机。由此，基础设施行业又增加了空运系统。随着第二次工业革命中电力、电报和无线电等技术的产生，电力行业和通信行业得到迅猛发展，为制造业的改革奠定了坚实的基础。1876年，亚历山大·格雷厄姆·贝尔实现了第一次成功的电话传输演讲。在1878年的巴黎博览会期间，巴黎大剧院安装了电弧照明，展现了电力的魅力。

20世纪60年代初，美国国防部高等研究计划署（ARPA）创建的ARPANET网引发了技术进步并成为互联网发展的中心。到1981年，美国国家科学基金会（NSF）开发了计算机科学网络（CSNET），扩大了对ARPANET的访问。到90年代，整个网络对公众开放。

基础设施行业也由此增加了能源和通信行业，目前基础设施涵盖四个行业类型，即交通、能源、水务和通信（World Bank，2020）。

二 1970年之后的基础设施概况

第二次世界大战结束后，各国开始积极建设国内经济，基础设施行业也得到了空前的发展，经过几十年的发展，全球经济发展显著。但是到20世纪70年代，全球经济治理架构的共识仍未达成。随后的十年时间，两次石油价格冲击了几个主要的发达国家，导致了持续的高通胀和失业。在1973年石油价格冲击之前，全球GDP的年增长率为5.3%，而在1973年之后，全球GDP年增长率仅为2.8%（Economic Analysis and Policy Division，2017）。到80年代，许多国家国际收支账户出现巨额赤字，而这场债务危机导致大量的非洲和拉丁美洲国家的经济出现严重衰退。处于债务困境的国家被迫削减社会支出和基础设施投资。由此，整个基础设施行业的投资在20世纪80年代陷入停滞阶段，在非洲、拉丁美洲和加勒比地区尤为明显。

20世纪80年代末，鉴于有限的政府财力和低下的服务供给效率，许多发达国家开始吸引大量的私营资本参与基础设施项目。90年代初，发展中国家开始逐步借鉴发达国家引入私营资本发展基础设施行业，进而带动经济发展。

三 私营资本参与基础设施市场

（一）私营资本参与基础设施的历史

早期私营资本参与基础设施多以私有化形式进行。私有化（Privatization）主要指的是将某些东西从公共部门转移到私营部门，但当原本受到严格监管的公司或行为受到的管控变少时，私有化被用作去制度化的同义词（Chowdhury，2006）。私有化也被定义为减少政府角色或增加私营社会机构在满足人民需求方面的作用的行为（Savas and Savas，2000）。私有化的历史可以追溯到古希腊，当时古希腊政府几乎将所有东西都出租给了私营部门。在罗马共和国，私营资本参与了大量政府应该履行的服务，如农业税收、提供军队用品、承担宗教建筑和活动等（Parker and Saal，2003）。

（二）私营资本参与基础设施建设的进程

第一次大规模的私营资本参与基础设施领域发生在德国（1933—1937 年），此时的德国政府在 20 世纪 30 年代出售了几家国有企业，涉及钢铁、采矿、银行、造船厂、铁路等行业。英国在 20 世纪 50 年代私有化了其钢铁行业。到 20 世纪八九十年代，由于政府财力有限、效率低下等问题大量出现，大规模的私有化在发达国家兴起，英国的私有化也开始拓展到电信、渡轮、石油、天然气、航空、水务、铁路等诸多行业。与此同时，私有化浪潮也席卷了拉丁美洲，提供水务、交通和通信等公共服务的国有企业被卖给私营资本。但此时，非洲、中东和南亚等地区的私有化程度极为有限，单个地区的私有化资产总额均不足 500 亿美元，印度尤其明显（Estrin and Pelletier，2018）。

（三）发展中国家私营资本参与基础设施的进程

根据世界银行的私营资本参与基础设施数据库（PPI）的数据（World Bank，2023），在 20 世纪 90 年代之前，由于基础设施的垄断性，海外私营资本极少能参与发展中国家的基础设施行业（Foreign Infrastructure Investment，FII）。为使中国跨国企业充分了解作为东道国的发展中国家基础设施中私营资本的参与情况，本书展示了这些国家自 20 世纪 80 年代中期开始私有化以来，外资参与基础设施行业的投资额的变化趋势，如图 4-1 所示。正如之前提到的，在 90 年代初，发展中国家的私有化开始起步，到 1997 年左右，私营资本参与发展中国家基础设施行业的投资额（约 58619 百万美元）已经达到历史之最。但紧随着 1997 年爆发了亚洲金融危机，私营资本投入有所下降，但在 21 世纪初逐步增长，2008 年的国际金融危机也并未减弱私营资本参与发展中国家基础设施行业的热情，投资额在 2012 年到达顶峰，但在 2012 年之后，持续下降，到 2017 年，私营资本已经下降到 21 世纪初的水平。

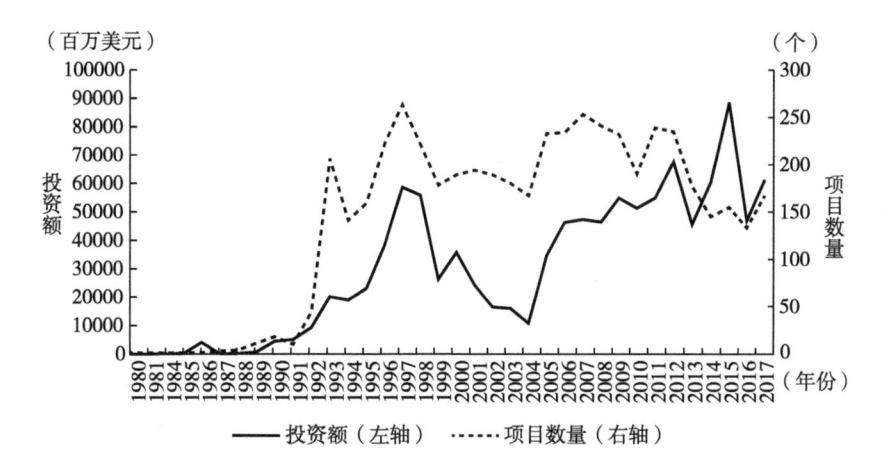

图 4-1　发展中国家 FII 变化趋势（1980—2017 年）

资料来源：世界银行 PPI 数据库（World Bank，2023）。

四　外资参与发展中国家基础设施市场概况

随着 20 世纪 90 年代私营资本大量进入发展中国家基础设施市场，基础设施行业逐渐失去其垄断性（Ramamurti and Doh，2004）。但大多数发展中国家的政府和当地投资者通常都显现出比发达国家更低的基础设施项目投融资能力、专业技术和运营能力，因此大量的国际投资者涌入发展中国家。本节将对外资参与作为东道国的发展中国家的基础设施项目的地区、行业分布及其母国来源等进行分析，为从中国流出的跨国投资了解这些国家的基础设施市场提供更多信息。

（一）外资参与发展中国家基础设施市场的地区概况

东道国风险具有明显的地域特点，而流入不同地区基础设施市场的外资受到这些风险因素的影响也存在差异，因此本节将对不同地区和国家的基础设施吸引外资的状况进行分析。

1. 区域分布

发展中国家所在地区的外资参与基础设施市场的分布如表 4-1 所示。拉丁美洲和加勒比地区的基础设施行业吸引了最高比例的外资，紧随其后的是东亚和太平洋地区。而对基础设施具有更大需求的中东和非洲地区反而有最低的外资比例。

表 4-1　1980—2017 年外资参与发展中国家基础设施市场的地区分布

地区	投资额（百万美元）	投资额占比（%）
东亚和太平洋地区	263391.54	24.53
欧洲和中亚	185762.93	17.30
拉丁美洲和加勒比地区	415078.52	38.65
中东和北非	58244.37	5.42
南亚	80151.14	7.46
撒哈拉以南非洲	71192.10	6.63
总计	1073820.60	100.00

资料来源：世界银行 PPI 数据库（World Bank，2023）。

图 4-2 呈现了这些地区的基础设施市场吸引的外资随时间变化的情况。由此可见，拉丁美洲和加勒比地区的跨国基础设施投资虽在不同时期变化不同，但基本上一直保持领先地位。在 1997 年之前，东亚和太平洋地区的跨国基础设施投资增长迅猛，但由于处于 1997 年亚洲金融危机的中心，该地区跨国基础设施投资于 1998 年迅速下降，并在 2004 年降至最低。2005—2015 年，东亚和太平洋地区基础设施低迷的发展虽有所缓解，但其每年跨国基础设施投资增长量被迅速发展的欧洲和中亚地区超越。欧洲和中亚地区的跨国基础设施投资在 2015 年达到最高峰，但由于 2016 年英国脱欧公投的成功，整个欧洲局势紧张，该地区跨国基础设施投资下降至最低，并在近几年依旧保持低迷。同时可以发现，发展中国家和地区跨国基础设施投资的变化与东道国环境的变化或国际局势存在一定的联系。

2. 国家分布

图 4-3 展示了跨国基础设施投资主要分布的 30 个发展中国家，其占据流入发展中国家基础设施市场外资的 90.33%，同时 FII 排名前 17 的国家也占了发展中国家总跨国基础设施投资的 70% 以上。其中，巴西一个国家的基础设施便吸收了全球外资流入发展中国家基础设施市场的 1/5 左右，而排名第二的土耳其仅是巴西的 1/2 左右。

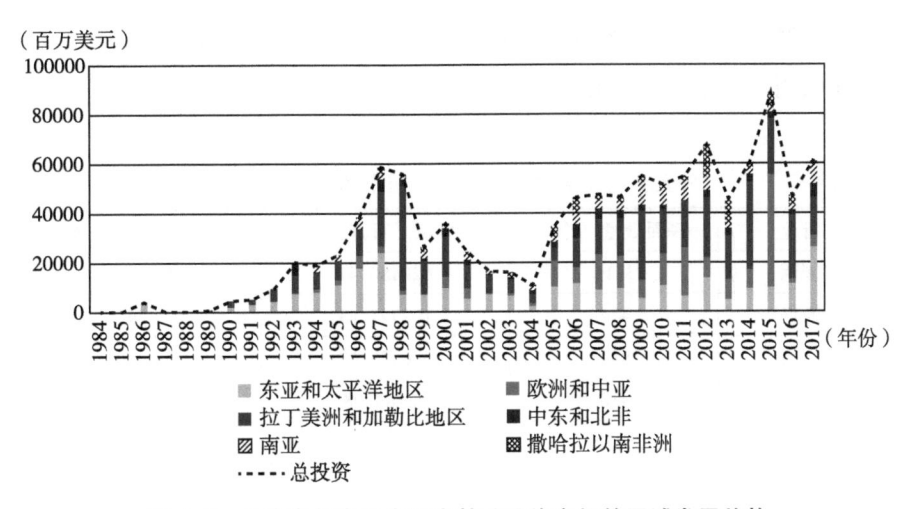

图 4-2　外资参与发展中国家基础设施市场的区域发展趋势

资料来源：世界银行 PPI 数据库（World Bank，2023）。

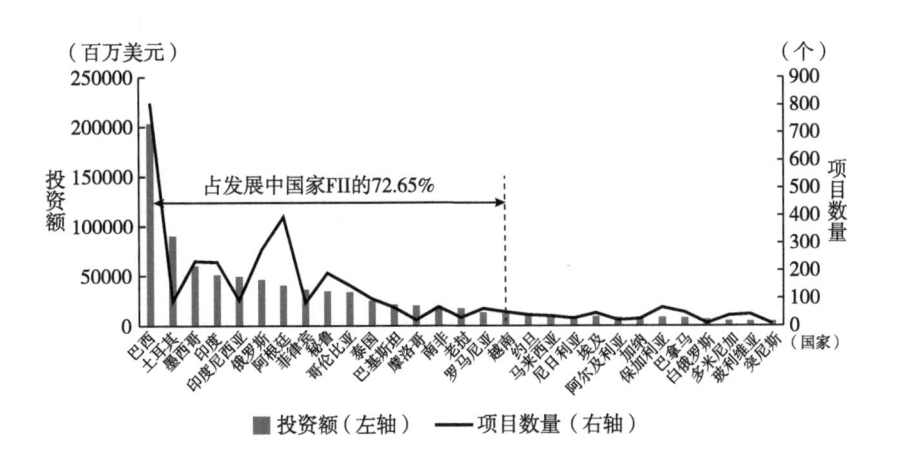

图 4-3　外资参与发展中国家基础设施市场的主要国家分布

资料来源：世界银行 PPI 数据库（World Bank，2023）。

（二）外资参与发展中国家基础设施市场的行业分析

由于不同基础设施行业具有不同的特点，外资进入这些行业也将面临不同的政治事件或政策变动的影响。表 4-2 展示了 1984—2017 年外资流入发展中国家基础设施的行业分布情况。可以发现，能源行业远远超过其他行业的发展，占跨国基础设施投资额的 57.78%；交通行业紧随其后，占跨国基础设施投资额的28.55%；而通信和水务行业吸引的外资较为有限。

表4-2　外资参与发展中国家基础设施市场的行业分布

行业	项目数量（个）	投资额（百万美元）	投资额百分比（%）
能源	3316	620480.41	57.78
通信	424	102997.49	9.59
交通	880	306558.62	28.55
水务	418	43784.08	4.08
总计	5038	1073820.60	100.00

资料来源：世界银行PPI数据库（World Bank，2023）。

图4-4展示了不同基础设施行业的外资投资额随时间变化的情况。可以看出，尽管能源行业在1997年和2008年两次金融危机时都有所下滑，但其增长历年来基本上都维持在第一位，近年来能源行业的发展保持着较高水平的波动发展。紧随其后的交通行业在经历20世纪90年代初到21世纪初的缓慢波动发展后，在2005年之后进入高速发展阶段，并在2015年达到最高峰，在这一期间于2006年和2015年两次超越能源行业当年的外资增长。该行业在2016年迅速下降，但仍高于20世纪90年代的发展水平。而通信行业与水务行业的发展却与能源和交通行业相反，在90年代的发展基本高于其在2000年之后的发展。

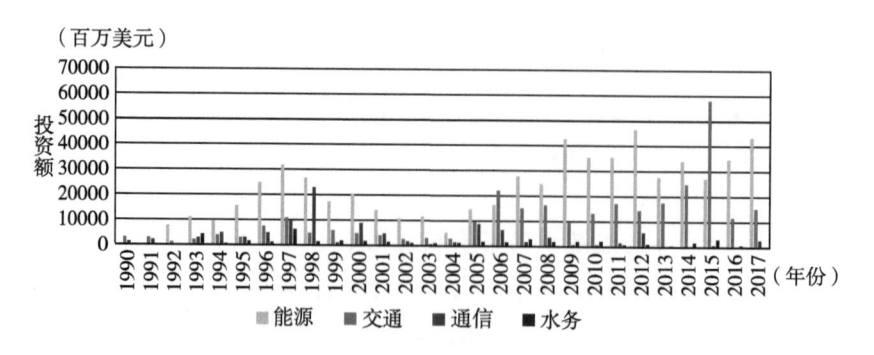

图4-4　外资参与发展中国家基础设施市场的行业变化

资料来源：世界银行PPI数据库（World Bank，2023）。

(三) 发展中国家基础设施市场的外资母国/地区分布

海外投资者在对发展中国家投资基础设施项目进行风险管理时，不仅受到东道国风险、不同基础设施行业涉及的政策变动等的影响，其所在的母国也会在一定程度上影响跨国企业的风险管理能力，如母国与东道国之间的关系、母国所能提供的帮助等。根据 PPI 数据库（World Bank，2023），基于在海外投资超过 30 个项目的标准，本书筛选出 32 个海外投资者母国或地区，其参与发展中国基础设施投资总额的占比为 78.83%。主要国家/地区展示如图 4-5 所示，可以看出大部分母国或地区属于发达国家或地区，当然也有少数发展中国家或地区，有中国、马来西亚、阿拉伯联合酋长国、巴西、墨西哥、俄罗斯、印度、南非、土耳其和菲律宾。而在发展中国家基础设施市场排名前十的母国中仅有中国一个发展中国家，其余均为发达国家或地区。

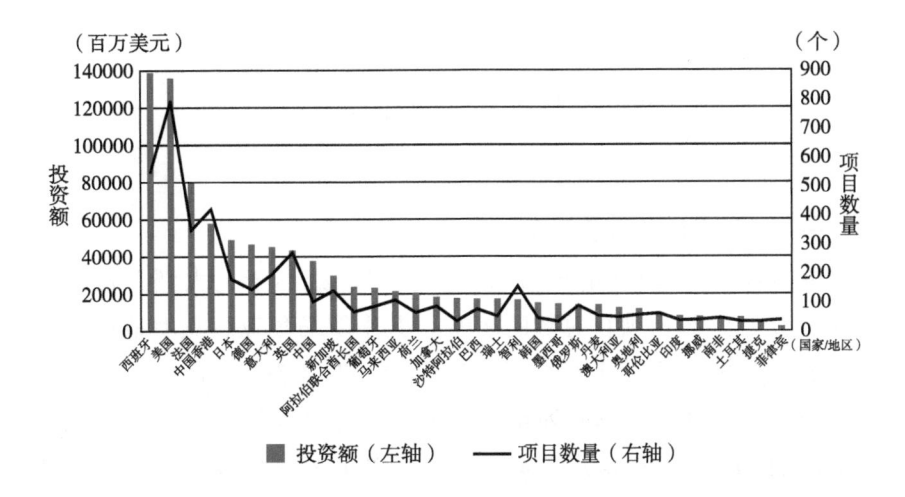

图 4-5 参与发展中国家基础设施市场的外资母国/地区分布

资料来源：世界银行 PPI 数据库（World Bank，2023）。

五 发展中国家基础设施历史评述

正如前文提到的，基础设施历史可以追溯到 19 世纪，而直到 20 世纪六七十年代全球基础设施才开始步入大规模的规范化发展。而随着全球政治经济环境的发展变化，各国基础设施的进一步发展受限于其本国政府资金和低下的运营效率，再加之发达国家早期的私有化经验，私有化在各国展开，发达国家开始大量引入私营资本参与基础设施项目的投资、建设与运营，具有雄厚的资金和技术实力的跨国企业尤其受到东道国政府的青睐。但这场基础设施私有化的浪潮直到20世纪90年代才逐渐在发展中国家兴起，尤其在拉丁美洲、加勒比地区和东亚地区，外资在发展中国家基础设施建设中的重要性日益凸显。

外资参与发展中国家基础设施的行业分布也具有不均匀性，在发展中国家私有化的行业中，能源与交通行业占据了较大比例，且近20年的增长远远大于20世纪90年代；通信和水务行业的增长反而弱于90年代。此外，参与发展中国家基础设施投资的外资来源国目前依旧主要集中在发达国家，虽也有发展中国家的身影，但总体表现依旧不及发达国家。

第二节 中国 FII 现状

一 中国 FII 的地区分布

中国对欧洲的 FII 的项目数量和投资额都居于七大洲首位，如图 4-6 所示，约占项目总数的 49%，其中罗马尼亚、克罗地亚是该地区的领头羊，且以能源类项目为主导。对亚洲的 FII 项目数量居全球第二位，其中，巴基斯坦、朝鲜、柬埔寨等国项目较多。中国在非洲的 FII 项目大多为援建项目，投资类项目较少，项目以能源和交通两大类为主。接下来是北美洲，项目数量次之，除了"收购加拿大尼克森公司"这一项目，蒙桑尼尔天然气火力发电厂一体化项目投资额达 19.66 亿美元，为地区之最。对大洋洲的投资项目数量与北美洲极为接近，但除一个在汤加的项目以外其余全部集中在澳大利亚。其中，除"新加坡能源国际澳洲资产公司（SPIAA）收购项目（60%）"以外，"澳大利亚维州心脏医院项目"以 26.00 亿美元的投资额成为地区之最。对南美洲的投资项目数量最少，主要集中在巴西。

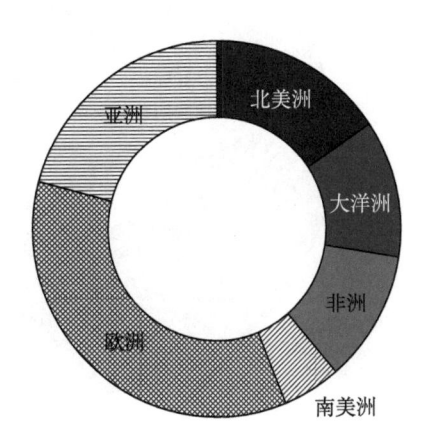

图 4-6　中国 FII 项目数量地区分布

资料来源：世界银行 PPI 数据库（World Bank，2023）。

二　中国 FII 的行业分布

中国 FII 的行业分布如图 4-7 所示，从细分行业来看，能源行业和交通行业普遍高于其他行业。能源领域投资占中国 FII 的 48%，超过所有其他领域；交通领域占 20%，而水务行业和信息通信技术领域仅分别占 2% 和 3%；其他领域的工程项目占中国 FII 的 27%，其中，工业园区的投资总额又占其他领域工程项目的 27%，这说明工业园区作为国家之间、地区之间实现多产业积极合作途径的重要性日益凸显。在能源领域中，电力领域的工程项目占主导地位，而近几年的发电项目又以可再生能源项目为主，但值得一提的是，部分超大发电项目仍在使用诸如煤炭和天然气之类的传统能源，比如，2017 年在印度尼西亚有 4 个超大煤炭发电项目，总投资达 77 亿美元；在交通领域中，港口项目占比高达 49%，公路项目和铁路项目占比较为接近，分别为 25% 和 24%，机场项目占比 2%。

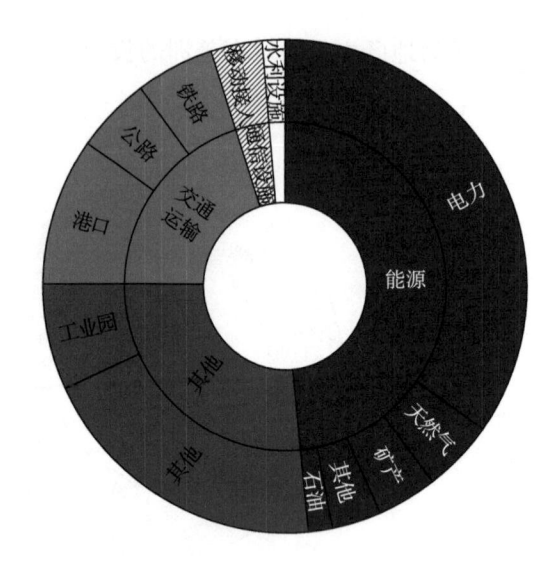

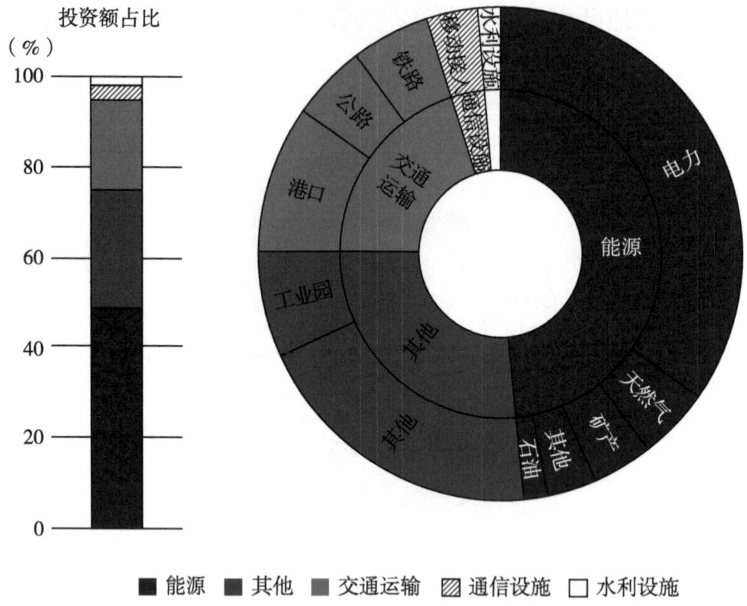

图 4-7　中国 FII 项目行业分布

资料来源：世界银行 PPI 数据库（World Bank，2023）。

据 2019 年全球基础设施中心（Global Infrastructure Hub，GIH）的数据，全球基础设施投资需求将达到 3 万亿美元，而这些需求主要集中在"一带一路"共建国家。此外，亚洲开发银行也预测亚洲基础设施的投资需求将达到 4950 亿美元左右，占亚洲 GDP 的 2.4%。而由于"一带一路"共建各国的政治、经济等社会环境的复杂性，在许多国家的项目都存在严重超期的情况，因此，"一带一路"共建国家实际基础设施需求缺口可能较预测值更大。

第三节　中国参与"一带一路"共建国家基础设施投资现状

"一带一路"倡议是"丝绸之路经济带"和"21世纪海上丝绸之

路"的简称，该合作倡议由习近平同志于2013年出访中亚和东南亚期间提出。目前，有多个国家加入了该倡议合作，其中大部分为发展中国家。"一带一路"共建国家涉及电子信息、物流、国际贸易、生产、基础设施等诸多行业，而基础设施行业是其他行业发展的重要支柱，同时基础设施本身所涉及的建设、运营和维护等也能为社会带来更多就业并促进资源流动等，从而减少贫穷，促进"一带一路"共建国家的经济发展（Shah and Batley，2009）。但大部分"一带一路"国家基础设施薄弱，这成为制约"一带一路"倡议深入推进的重要因素之一，因此基础设施领域成为"一带一路"倡议优先发展领域。在目前纷繁复杂的全球局势影响下，中国的"十四五"规划中也提出继续深入推进"一带一路"倡议高质量发展，促进基础设施互联互通，健全多元化投融资体系，深化与第三方国际市场的合作。随着近年来"一带一路"倡议的不断深入，中国FII逐渐在"一带一路"共建国家增加（朱建彬，2022）。

一 国家分布

根据2023年世界银行PPI数据库和2022年中国"一带一路"综合信息服务平台数据库中的数据，中国企业投资"一带一路"共建国家基础设施项目的国家分布情况如图4-8所示。其中，中国投资缅甸、巴基斯坦、印度尼西亚、柬埔寨、罗马尼亚等国家的基础设施项目数位居前列。

二 行业分布

中国企业投资"一带一路"共建国家基础设施项目的行业分布如图4-9所示。其中，超过50%的项目集中在能源行业，紧随其后的是交通行业，占38.97%，最少的是通信行业。该行业分布与中国在全球基础设施投资的行业分布较为相似，凸显出在全球能源转型背景下各国对能源项目的高需求。

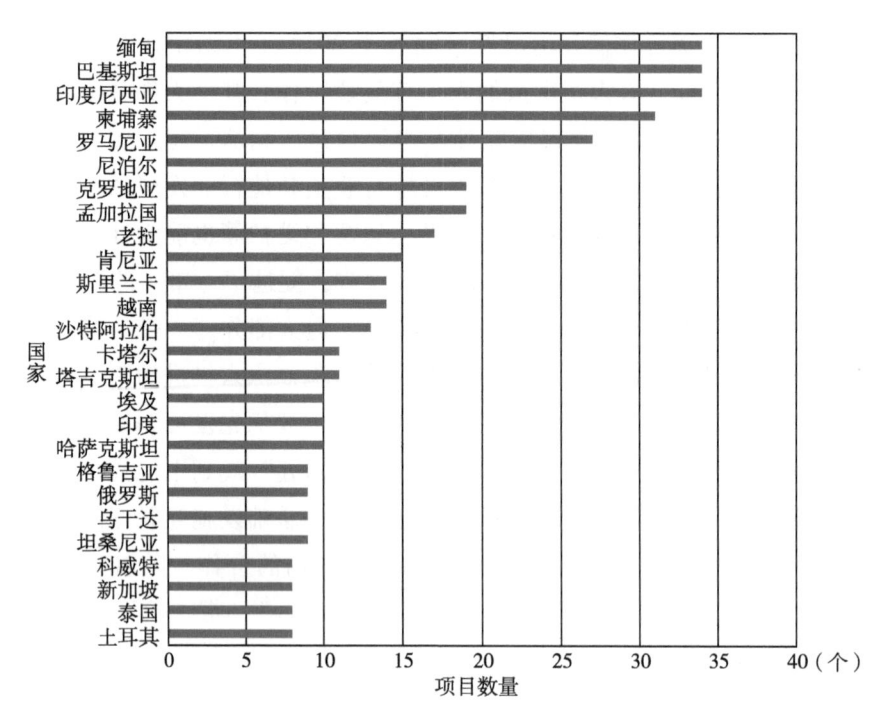

图 4-8 中国投资发展中国家基础设施的国家分布

资料来源：根据 2023 年世界银行 PPI 数据库和 2022 年"一带一路"综合信息服务平台数据库中的数据整理绘制。

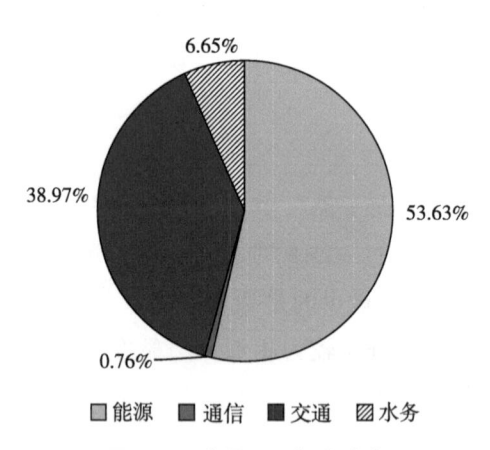

图 4-9 中国 FII 行业分布

注：由于数据四舍五入，数据加总约等于 100%。

资料来源：根据 2023 年世界银行 PPI 数据库和 2022 年"一带一路"综合信息服务平台中的数据整理绘制。

第四节　FII 特点

一　FII 的风险较高

海外基础设施项目存在诸多风险，尽管中国企业对外投资规模不断增加，但近年来频频遭到宏观经济波动、投资贸易壁垒、政治风险、文化冲突、人员流动、极端环保主义者阻挠等问题，这使 FII 的风险增加。而 FII 风险较大，导致现金流保障难度较大，外部经济环境变化较快，时常出现投资收益无法保证的情况。因此，这也使很多有实力的企业不愿冒险进行海外项目的投资。

其中，政治风险是中国企业"走出去"过程中影响最大的风险。发展中国家的政治风险主要源于三个方面：东道国政治局势不稳定风险、东道国政策变更风险以及大国博弈风险。首先，不少发展中国家都存在较为频繁的地缘政治冲突，甚至也有部分国家常常面临着动荡的政局、激烈的民族冲突和恐怖主义；其次，东道国政策变更使项目被迫停止也时有发生，项目停滞后，前期投入设备的租赁费用和维护费用等会造成巨大损失；最后，大国之间的博弈也为海外基础设施项目投资带来政治影响。

针对这一影响显著的政治风险，许多中国企业会选择买入保险以将风险转移给第三方，中国出口信用保险（以下简称中信保）为许多投资海外的大企业提供保险服务。中信保一般覆盖了当地的政治风险，如法律变动、特许经营权风险、项目治理风险（如运营稳定性）。中信保采用的分析方法主要是定量分析和定性分析，其中数据主要是两方面的：一是针对国别的数据，如经济状况、长期外汇收入、短期偿债能力等；二是针对项目本身的情况，如业主的情况、未来竞争性情况等。从国别风险来说，对于政治情况等无法量化的指标进行定性分析，如政治结构、经济结构、社会情况等，对于国别分析的定量指标，如偿债比、债务比等进行定量分析。在分析海外投资时，首先考虑对应国家的风险情况，由公司的风险管理部门针对各个国家的经济、政治、社会情况，结合具体的经济数据，给出相应国家的投资额度，即中信保能够承担的对应国家的风险最高值。就具体项目层面而言，首先分析项目所处的行业，然后根据不同行业特点进入细分的市场，具体项目分析包括以下几点：一是发起人的情况，如是否具备足够的当地经验；二是经济数据分析，如股权和债权的比率、项目偿债比；三是要求项目方提供第三方独立编制的可行性研究，可行性研究会针对项目进行费用和价格分析、敏感性分析。若这几方面得到满足，则基本上认为项目本身没有太大问题。在此基础上进行政治风险的分析，根据风险部反馈的材料，着重关注对应国家是否有动乱、战争、骚乱等。对于其他的风险，如环保组织冲击风险、劳工相关的风险等，企业通常会通过与当地社区建立友好的关系来进行应对，采取慰问学校、捐助物资等行为增进双方的信任，并希望建立文化认同，贯彻延伸"属地化管理"的理念。

二 FII 的管理体制成熟度不足

成熟的管理体制对于 FII 的成功有着举足轻重的作用，其会影响项目的资金使用、施工进度等。同时对于跨国企业来说，集团总部和海外项目之间也需要有高效的沟通渠道和监管机制，并能就各个项目下达相应的考核指标和运用激励机制调动海外工作人员的积极性，以保障项目管理决策程序规范化执行。近年来，中国 FII 虽经过了一段时间的积累，形成了一定的基础，但整体管理体系较为薄弱，存在诸多限制，导致对海外项目的跟踪和监管力度不够，风险应对手段和形式较为单一，这也是中国 FII 的主要短板之一。

三 发展中国家市场信息不对称

掌握全面的海外市场信息对发展中国家投资基础设施的成功至关重要。海外市场广阔却瞬息万变，而风险的应对往往基于有限的信息获取。目前，中国企业借助多方渠道获取市场最新信息和项目信息，比如通过行业推介会、实地考察、与目标地市场同行"抱团取暖"、与国内大型国企"强强联合"、加强与政府部门联系借助政策"东风"、与行业协会加强联系、与大型投资商和开发集团建立合作关系等方式不断将"触角"伸向海外市场，时刻关注海外市场动态。但由于海外市场信息碎片化,且存在严重的信息不对称等情况,企业在市场信息收集、尽调等的过程中存在重重障碍。

此外,拥有海外工程项目经验的大型企业形成了专门的渠道,例如,国家开发银行建立了智库系统,其包括以往的一些项目信息、报告等。中铁集团通过东道国的办事项目组或公开渠道收集信息。中交通过属地化的舆情监控部门对来自媒体、使馆、部委部门等的社会舆论进行收集,并且在相邻国别进行信息共享,采取区域化管理的方式进行信息分享和风险识别。

四 人员能力建设体系不完善

人才是推动中国 FII 的重要原动力,参与人员的能力与素质现状在 FII 中有着关键的作用,也极大地影响相关风险。目前,海外工程项目人员素质及管理存在一定的不足与问题,主要体现在:(1)人员的技术素质较高,但综合管理素质还需加强;(2)国际化工程管理人才的总量不足,缺乏既精通工程技术又拥有国际化经验的中高级管理人员;(3)人员的语言、文化门槛使沟通有一定的障碍。

为了增强海外团队的建设,企业也采取了一定的策略,主要方式是建立文化认同,实质上还是"属地化管理"理念的延伸,同时也会进行专门的培训、设立双向交流奖学金等,但依旧存在人员管理能力建设体系不完善、缺乏长期布局、人才能力建设与国际的差距较大等问题。

第五节 不同 FII 水平的发展中国家风险特点

基础设施在发展中国家的重要性日益凸显,各发展中国家政府也开始放开基础设施市场,吸引具有丰富经验的国际投资者进入其基础设施市场,诸多跨国企业也积极响应参与其中。然而,相较于发达国家,不少发展中国家更高的风险成为影响外资进入的重要因素。因此,为降低中国跨国投资者在发展中国家投资基础设施面临的风险,本节将从中国跨国企业角度出发，对作为潜在东道国市场的发展中国家的基础设施投资风险进行初步分析与呈现。结合前文相关文献回顾可知，跨国投资者在发展中国家面临的风险来源于东道国、东道国与母国的关系以及企业和项目内部的脆弱性。因此，本节将基于世界银行 PPI 关于外资参与发展中国家基础设施投资的数据，选取 129 个发展中国家作为基础设施项目东道国。而鉴于时间和精力有限，一一获取这些国家间的全面经贸关系及其投资者信息比较困难，因此本节将从中国作为母国的角度对 129 个作为东道国的发展中国家的国家风险情况进行初步分析。

根据外资流入这些发展中国家东道国基础设施市场的分布规律，30 个发展中国家吸引了流入所有发展中国家 FII 的 90%，可被认为是"高 FII 发展中国家"；而剩余的 99 个发展中国家占有的投资不到总的发展中国家 FII 的 10%，可被认为是"低 FII 发展中国家"。本节将根据三种风险量化指标对这两类国家的国别环境进行对比分析，直观地呈现不同国家环境对跨国投资的吸引程度。

一 发展中国家政府执政环境与 FII

正如前文识别出的东道国风险因素，来源于政府执政环境的风险因素主要分为政府稳定性、腐败、民主程度、行政效力、法律质量、军事参政、外部冲突。

图 4-10 展示了高 FII 发展中国家和低 FII 发展中国家的政府稳定性风险的分布情况。可以看出，高 FII 发展中国家的政府稳定性风险主要分布在 (6, 7] 区间，且比例高于低 FII 发展中国家，而评分在 6 分及以下的低 FII 发展中国家的分布比例高于高 FII 发展中国家的分布比例。因此，高 FII 发展中国家的政府稳定性风险小于低 FII 发展中国家。

发展中国家的腐败风险分布情况呈现在图 4-11 中。总体来看，大量的发展中国家的腐败风险的评分在 5 分及以下，也就是说这些国家的腐败风险都较高。而对比高 FII 发展中国家和低 FII 发展中国家的腐败风险分布，可以发现高 FII 发展中国家的腐败风险大部分小于低 FII 发展中国家。

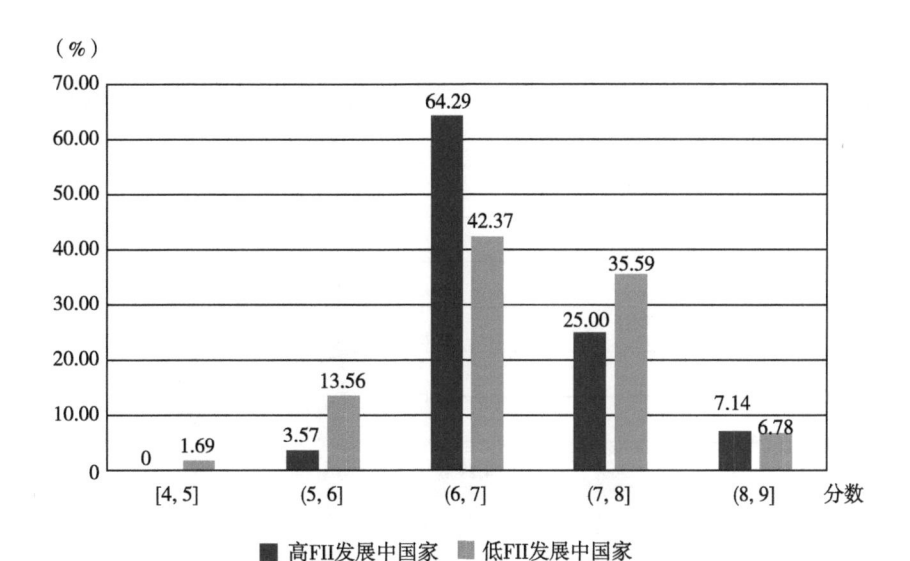

图4-10 发展中国家的政府稳定性风险分布情况

资料来源：The Political Risk Service Group（2020）。

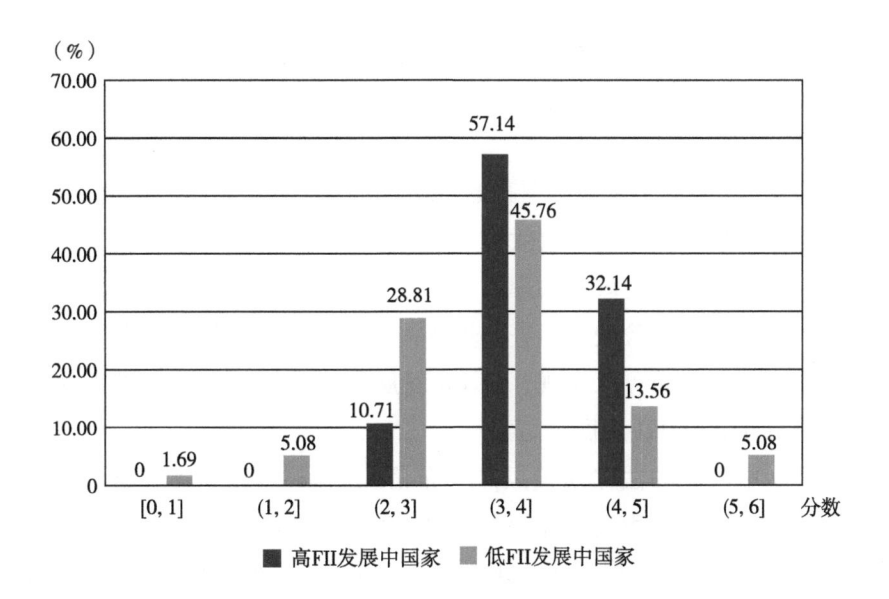

图4-11 发展中国家的腐败风险分布情况

资料来源：The Political Risk Service Group（2020）。

图4-12显示了发展中国家的民主程度风险分布情况。通过对比可知，高FII发展中国家的民主程度风险分数大多高于低FII发展中国家。

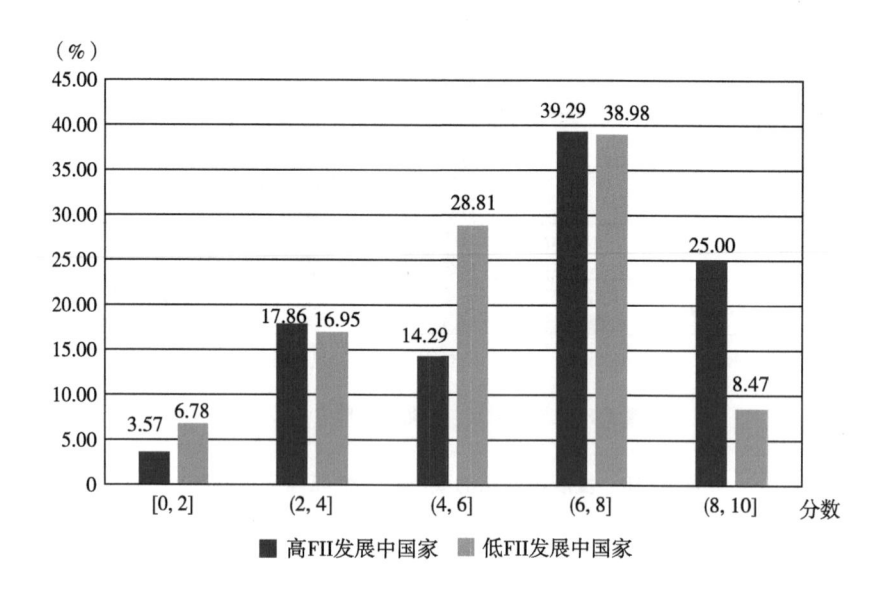

图4-12 发展中国家的民主程度风险分布情况

资料来源：The Political Risk Service Group（2020）。

图4-13展示了发展中国家的行政效力风险分布情况。由此可见，绝大部分发展中国家的行政效力风险评分都在5分及以下，这就意味着不少发展中国家的政府治理能力和专业程度不高，进而导致政府或政策突然变化的风险较高。进一步地，对比高FII发展中国家和低FII发展中国家的分布可以发现，高FII发展中国家的行政效力带来的风险大部分小于低FII发展中国家。

发展中国家的法律质量风险分布情况见图4-14。可以看出，对于超过4分的法律质量风险评分环境，高FII发展中国家的比例高于低FII发展中国家；相反地，评分在4分及以下的低FII发展中国家的比例高于高FII发展中国家。由此，高FII发展中国家的法律质量带来的政治风险往往比低FII发展中国家小。

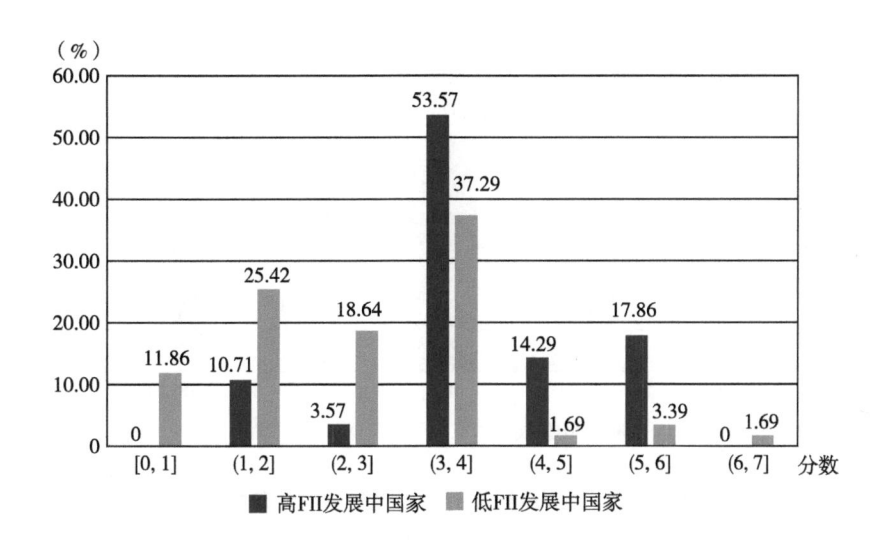

图 4-13　发展中国家的行政效力风险分布情况

资料来源：The Political Risk Service Group（2020）。

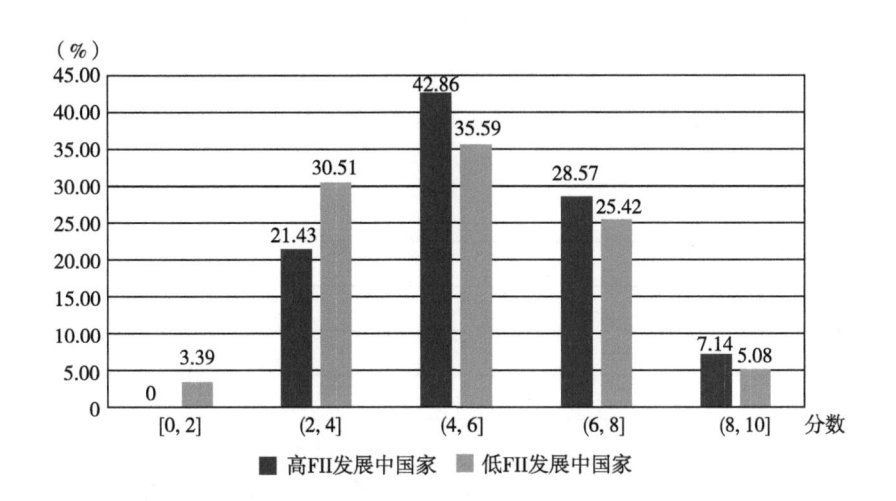

图 4-14　发展中国家的法律质量风险分布情况

资料来源：The Political Risk Service Group（2020）。

图 4-15 展示了高 FII 发展中国家和低 FII 发展中国家的军事参政风险分布情况。通过对比其分布区间可以发现，高 FII 发展中国家更多分布在军事参政风险较低的区域，而低 FII 发展中国家则与之相反。

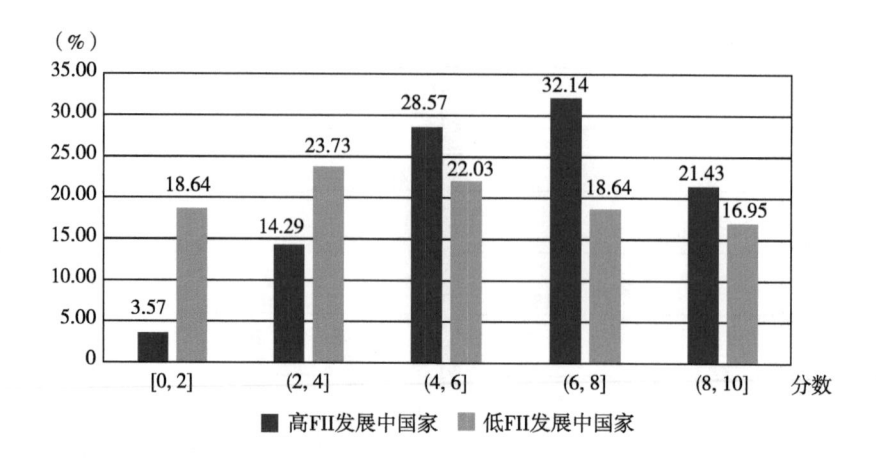

图 4-15 发展中国家的军事参政风险分布情况

资料来源：The Political Risk Service Group（2020）。

图 4-16 展示了发展中国家外部冲突风险的分布情况。大部分发展中国家的外部冲突风险评估都在 6 分以上，具有较低的外部冲突风险。对比发现，高 FII 发展中国家仍旧比低 FII 发展中国家具有更低的外部冲突风险。

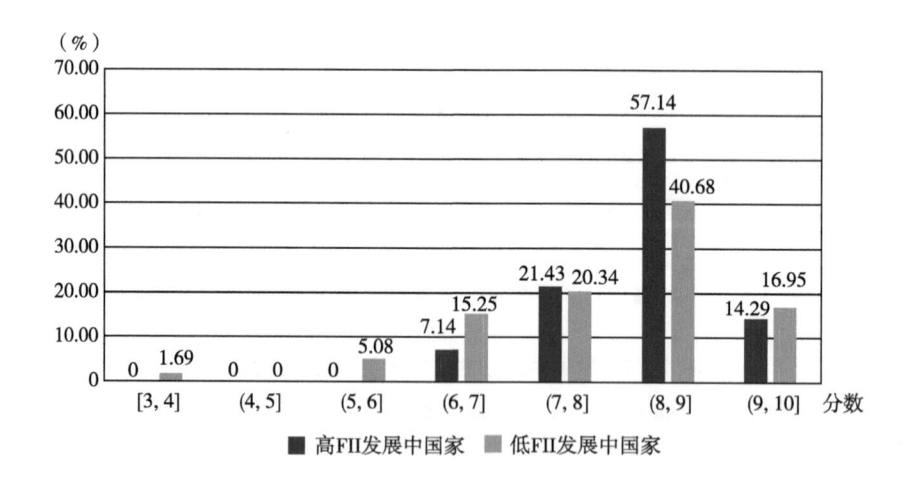

图 4-16 发展中国家的外部冲突风险分布情况

资料来源：The Political Risk Service Group（2020）。

二 发展中国家社会环境与 FII

来自东道国社会环境的风险因素主要分为内部冲突、宗教冲突以及民族、种族关系紧张程度三类。

图 4-17 展示了发展中国家的内部冲突风险分布情况。可以看出，大部分发展中国家的内部冲突风险评分都在 6 分以上，这意味着这些国家发生内部冲突的风险较低。对比发现，低 FII 发展中国家甚至具有更低的内部冲突风险分布。

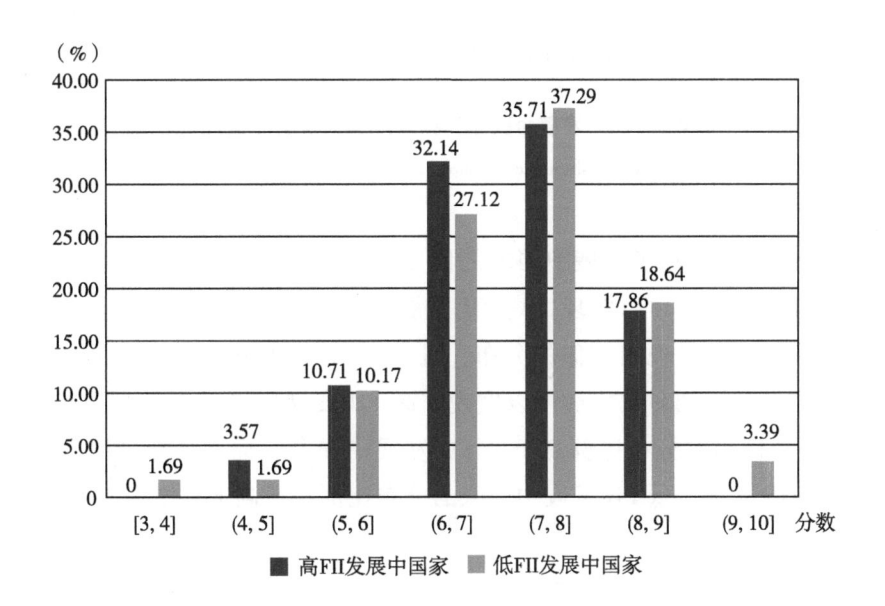

图 4-17 发展中国家的内部冲突风险分布情况

资料来源：The Political Risk Service Group（2020）。

高 FII 发展中国家和低 FII 发展中国家的宗教冲突风险分布情况被呈现在图 4-18 中。通过对比可以发现的是，在低宗教冲突风险分布区域（8，10］，高 FII 发展中国家分布比例高于低 FII 发展中国家，但同时在极高的宗教冲突风险区域［0，2］也出现了高 FII 发展中国家比例高于低 FII 发展中国家的情况。

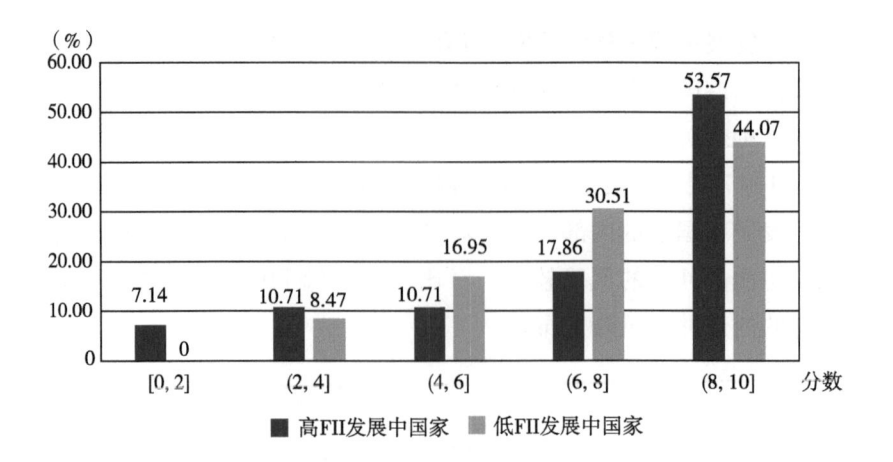

94 | 中国企业海外基础设施投资风险：作用机制及应对策略

[Bar chart: 发展中国家的宗教冲突风险分布情况]
- [0, 2]: 高FII 7.14, 低FII 0
- (2, 4]: 高FII 10.71, 低FII 8.47
- (4, 6]: 高FII 10.71, 低FII 16.95
- (6, 8]: 高FII 17.86, 低FII 30.51
- (8, 10]: 高FII 53.57, 低FII 44.07

图 4-18　发展中国家的宗教冲突风险分布情况

资料来源：The Political Risk Service Group（2020）。

图 4-19 呈现了发展中国家的民族和种族关系引起的社会紧张程度的分布情况。可以发现，高 FII 发展中国家和低 FII 发展中国家在该风险因素下呈现出相似的分布，且在（4，10］区间的分布较为均衡。再经过详细对比之后可以发现，高 FII 发展中国家在较高风险的（2，6］区间的分布比例高于低 FII 发展中国家，而在（6，8］区间的低风险区域，低 FII 发展中国家的分布比例高于高 FII 发展中国家。

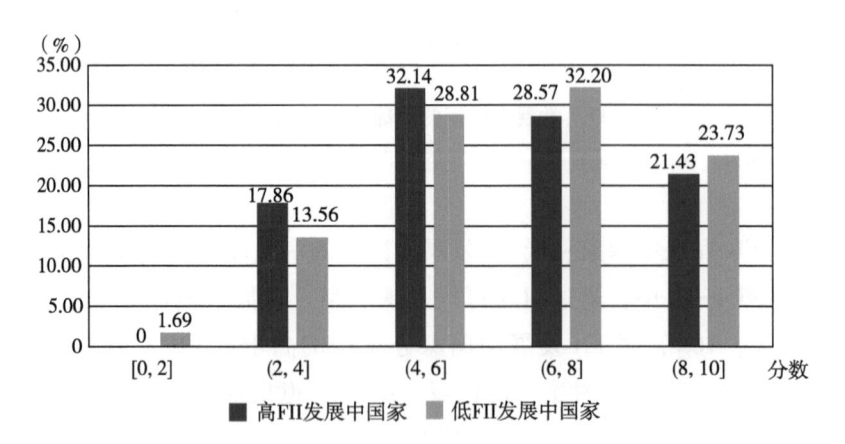

[Bar chart: 发展中国家的民族、种族关系紧张程度风险分布情况]
- [0, 2]: 高FII 0, 低FII 1.69
- (2, 4]: 高FII 17.86, 低FII 13.56
- (4, 6]: 高FII 32.14, 低FII 28.81
- (6, 8]: 高FII 28.57, 低FII 32.20
- (8, 10]: 高FII 21.43, 低FII 23.73

图 4-19　发展中国家的民族、种族关系紧张程度风险分布情况

资料来源：The Political Risk Service Group（2020）。

三 发展中国家经济环境与FII

正如前文所识别出的,来自东道国经济环境的风险因素主要分为社会经济压力和投资环境。发展中国家的经济环境所带来的东道国风险将从这两方面呈现。

图4-20展示了发展中国家的社会经济所带来的社会紧张压力程度的分布情况。总体来看,大部分发展中国家表现出较高的社会经济压力风险,主要分布在5分及以下较高的风险区域。再比较高FII发展中国家和低FII发展中国家的分布,可以发现大部分高FII发展中国家的风险分数分布区间高于低FII发展中国家,因此社会经济压力带来的风险更低。

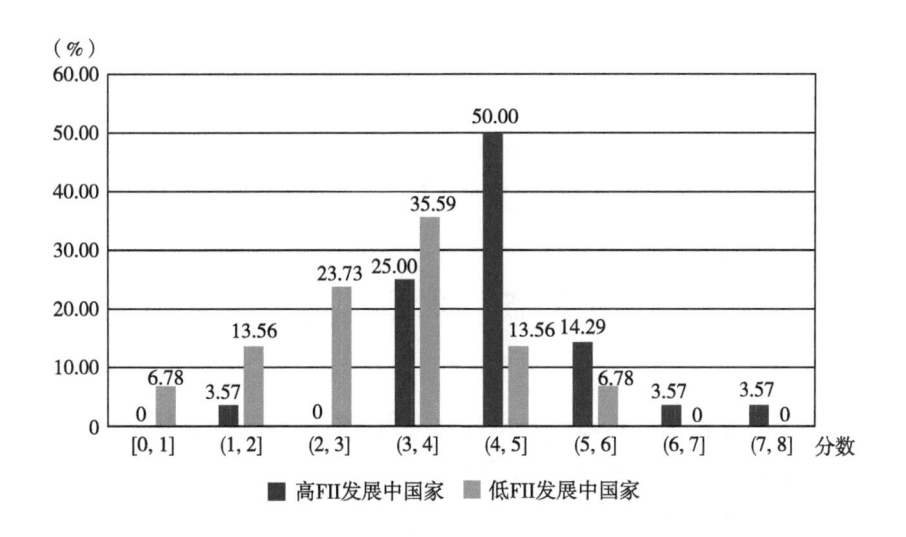

图4-20 发展中国家的社会经济压力风险分布情况

资料来源:The Political Risk Service Group(2020)。

发展中国家的投资环境风险分布情况如图4-21所示。总的来看,高FII发展中国家和低FII发展中国家在该风险因素下的分布趋势相似,但通过进一步对比可以发现的是,在(6,9]的低风险区间,高FII发展中国家的分布比例高于低FII发展中国家。而在6分及以下的较高风险区间,高FII发展中国家的分布比例低于低FII发展中国家。

由此可见，大部分高 FII 发展中国家的投资环境所带来的风险低于低 FII 发展中国家。

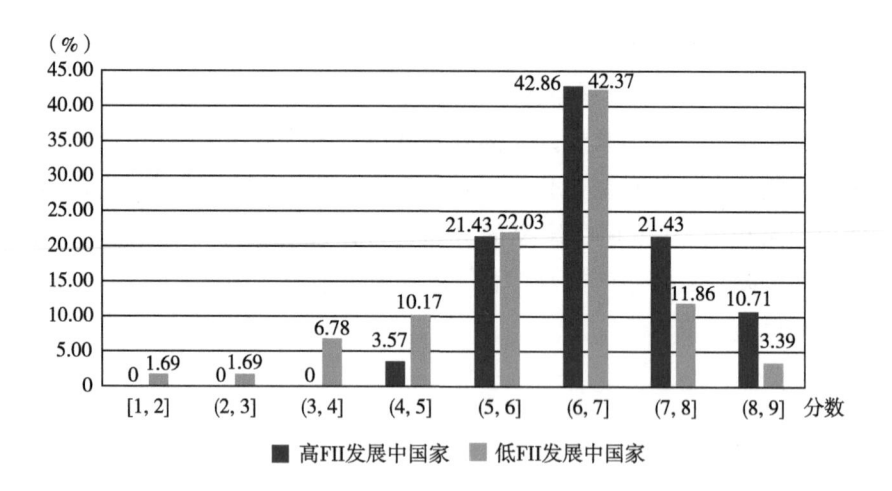

图 4-21　发展中国家的投资环境风险分布情况

资料来源：The Political Risk Service Group（2020）。

第六节　本章小结

本章首先就全球基础设施私有化进程进行了梳理，紧接着分析全球发展中国家基础设施市场吸引外资的情况，以及中国 FII 的概况，尤其对"一带一路"共建国家的情况进行了呈现。在此基础上，就中国 FII 的主要问题进行了梳理。最后，从中国作为母国的视角，将作为东道国的发展中国家的环境风险与外资参与的这些国家基础设施的投资规模相结合进行了分析。下一章将会深入探究发展中国家的环境风险对中国 FII 的作用机制。

第五章 基础设施系统脆弱性对 FII 的影响

如前所述，东道国环境中的风险对 FII 造成的影响是由外部环境和基础设施系统脆弱性共同导致的。而相关研究大多识别并探究了东道国环境中的风险，极少关注基础设施系统内部的特点。本章将探究在考虑基础设施系统脆弱性的情况下，东道国环境风险将会对中国 FII 造成何种影响，为有效地进行风险应对提供支持。

第一节 概念模型及假设

一 研究假设

根据相关文献可知，脆弱性理论已经在不同领域得到了广泛使用和研究，如基础设施领域（Galvan and Agarwal，2020；Ogie et al.，2018）、国际工程领域（Chang, Hwang et al.，2018；Haendel and Jordan，2019）。总的来说，脆弱性倾向于系统受到外部威胁影响的内部特征（Cardona，2004）。因此，本书在第二章 FII 脆弱性的相关研究分析中提出脆弱性被界定为基础设施投资受到发展中国家风险的敏感程度。尽管这些研究大多识别出了相关脆弱性因素，但并未就这些脆弱性所带来的影响程度进行深入探究。在国际工程领域，有学者提出更高的系统脆弱性往往伴随着更低的跨国项目投资（Cardona，2013）。基于此，本书提出以下假设：

H1：基础设施系统脆弱性越低，FII 也就越多。

基于前文识别出的脆弱性因素，提出以下三个分假设：

H1a：更高的风险暴露会阻碍跨国投资流入东道国基础设施项目。

H1b：跨国企业更高的风险应对能力会促进其更多地参与FII。

H1c：东道国与母国之间的关系越亲近则能吸引越多的跨国投资流入基础设施项目。

同时依据脆弱性理论，东道国风险对FII产生的影响是由东道国环境风险和基础设施系统脆弱性共同作用产生的。国际工程领域的相关研究也指出基础设施系统脆弱性能对FII风险产生的影响起到一定的促进作用，同时也会降低系统的风险应对能力（Chang, Hwang et al., 2018; Haendel and Jordan, 2019）。也有相关研究分别基于外部环境风险和项目系统内部脆弱性提出风险应对策略，但这些研究对于脆弱性的具体影响程度并未充分探究，尤其在FII领域。据此，提出以下假设：

H2：基础设施系统脆弱性的增加会加剧FII风险的不利影响。

基于H2及识别出的脆弱性因素，提出以下三个分假设：

H2a：基础设施项目风险暴露程度越高，越会增加东道国风险对FII的不利影响。

H2b：跨国企业的风险应对能力会显著降低东道国风险对FII的不利影响。

H2c：东道国与母国之间的关系越亲密，越能降低东道国风险对FII的不利影响。

二 概念模型

依据脆弱性理论和第二章第三节内容所提出的东道国风险对FII的作用机理，本书提出如图5-1所示的概念模型图。结合相关研究和前文提出的研究假设，假设H1主要是为了探究脆弱性对FII的直接影响，而假设H2是为了探究脆弱性对FII影响的中间作用。

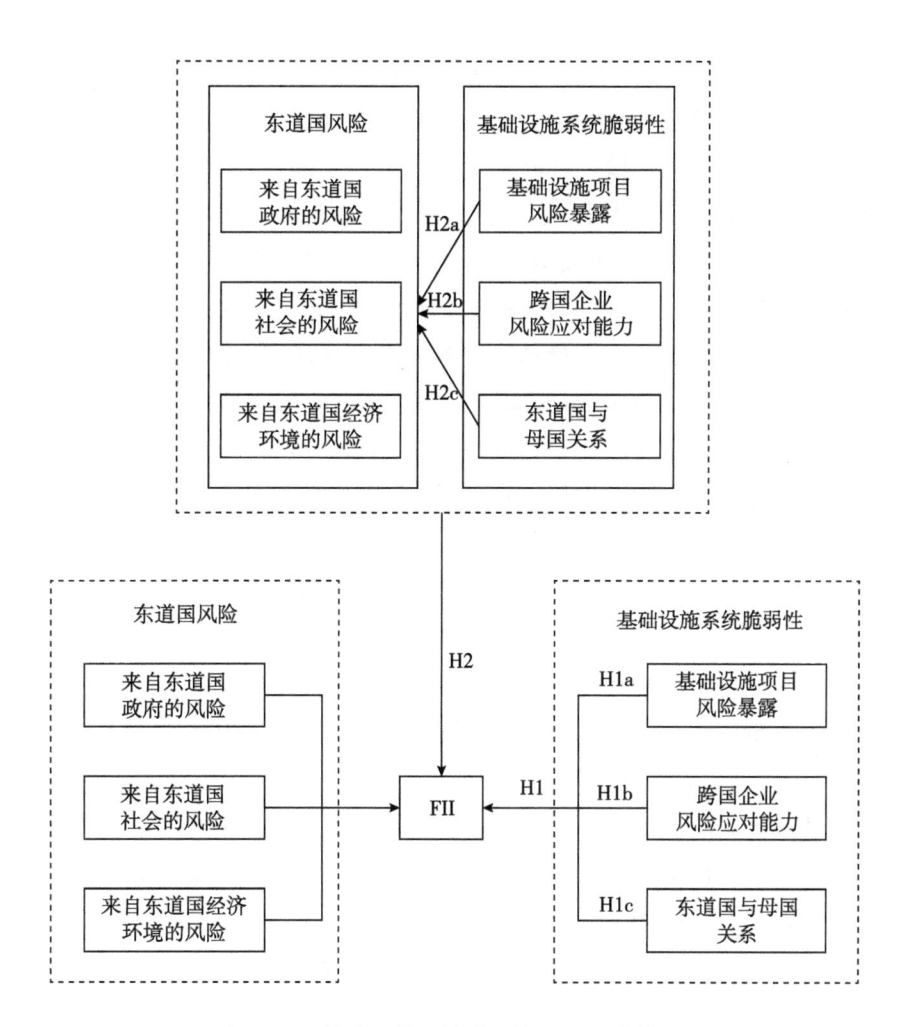

图 5-1　基础设施系统脆弱性影响概念模型

第二节　研究方法

为了获取基础设施系统脆弱性对 FII 中风险作用后果的影响，前文已经识别出脆弱性因素和东道国风险因素，但这些因素并非都能直接获取到。因此，本章采用了结构方程模型（Structural Equation Model，SEM）来验证假设和概念模型提出的关系。

结构方程模型是由 Sewall Wright 于 1921 年提出的，目前已经被广泛应用于多个研究领域（Hair et al.，2011），同时该方法也被工程管理领域相关研究认为是探究变量间内部关系的可靠方法（Li et al.，2020）。结构方程模型主要分为基于协方差结构方程和偏最小二乘结构方程（Joreskog and Wold，1982）。PLS-SEM 属于第二代多变量分析方法之一，主要基于变量的协方差矩阵来估计和检验可能的因果关系。该方法主要由 Herman Wold（1982）提出，主要通过样本数据的协方差矩阵来验证提出的模型或理论（Wold，1982）。PLS-SEM 已在国际建筑领域得到广泛应用（Li et al.，2020）。

本章采用的样本数据较为有限，为降低样本量较少的限制，本章选用 PLS 结构方程模型。基于前文提出的概念模型，东道国国家风险和基础设施系统脆弱性都难以被直接观察到。因此，本章目标可以通过探索潜在变量间的关系来实现，而每一个潜变量都与观察变量直接关联。本章研究提出的概念模型是一个随机模型，FII 变量被认为是外生潜变量，其他潜变量为内生变量。

基于该方法和概念模型及假设，构建 PLS 结构方程模型：

$$FII_i = \alpha_i CR_{ij} + \beta_1 ER_i + \beta_2 CC_i + \beta_3 RH_i + \gamma_1 (CR_{ij} \times ER_i) + \gamma_2 (CR_{ij} \times CC_i) \\ + \gamma_3 (CR_{ij} \times ER_i) + \beta_0 + \varepsilon_i \tag{5-1}$$

其中，FII_i 表示中国企业 FII 总量，CR_{ij} 表示风险因素 j 在东道国 i 的高低，ER_i、CC_i、RH_i 分别表示 FII 项目的特点、跨国企业的投资风险应对能力以及中国与有业务往来的东道国的关系。$CR_{ij} \times ER_i$ 表示 FII 项目特点对东道国风险后果的影响，$CR_{ij} \times CC_i$ 表示中国跨国企业的风险应对能力对东道国风险后果的影响，$CR_{ij} \times ER_i$ 表示中国与东道国关系对东道国风险影响产生的作用。α_i 表示东道国 i 的风险估计参数，β_i 表示国家 i 的脆弱性相关变量的估计参数，γ_i 表示基础设施系统脆弱性效应的参数，β_0 表示固定效应参数，ε_i 表示误差项。该模型的计算通过 SmartPLS 3.0 软件实现。

第三节 模型结果

一 模型结果检验

(一) 共线性检验

多重共线性可能导致模型结果出现极大的偏差，因此，有必要对所有变量进行多重共线性的检验 (O'brien, 2007)，方差膨胀因子 (Variance Inflation Factor, VIF) 是常用于测量变量共线性程度的指标 (O'brien, 2007)。若 VIF 值大于 10，则表明变量存在严重共线性 (Diamantopoulos and Siguaw, 2006)。本章研究所用指标数据的共线性检验结果见表 5-1。由此可见，所有指标数据的 VIF 值均低于 10，说明均通过了共线性检验，可用于模型的计算。

表 5-1　　共线性检验结果

测度指标	VIF
GA1	4.372
GA2	3.275
GA3	5.521
GA4	3.171
GA5	2.156
GA6	3.783
GA7	5.102
SE1	1.258
SE2	1.352
SE3	1.371
EE1	1.218
EE2	1.352
RE1	1.718

续表

测度指标	VIF
RE2	1.035
RE3	1.021
CR1	1.621
CR2	1.342
CR3	2.315
RH1	1.493
RH2	1.261
RH3	1.089
GA	1.327
SE	1.468
EE	2.602
RE	1.880
CR	1.471
RH	1.579

(二) 模型有效性检验

模型有效性主要通过平均方差提取（Average Variance Extracted, AVE）和组合信度检验系数（Composite Reliability, CR）两个指标来进行检验。AVE主要用于衡量模型数据的收敛有效性，其通过模型指标的荷载平方总均值计算。该指标在0.5及以上被认为模型中一半及以上的指标方差被解释（Afthanorhan, 2013）。CR主要用于衡量模型的一致性，该指标在0.6及以上则被认为模型内部保持了一致性，具有可信度（Afthanorhan, 2013; Nunally and Bernstein, 1994）。但克隆巴赫系数对量表中的样本数量较为敏感，往往会低估内部一致性和信度，而CR往往会高估内部一致性和信度，因此通常需要将两种方式结合起来以衡量模型的内部一致性和信度。

如模型的因子荷载小于0.5，则认为该因子对模型的解释贡献不足，那么该因子会被从模型中剔除，以防止影响其他因素的测度值（Kline，1999）。基于此，因子 GA6、GA7、SE1、RH3 均从模型中被移除，以提高模型结果的准确性和可信度。删除贡献不足的指标，重新计算后可以得到如表 5-2 所示的结果。可以发现，所有指标的 AVE 值都在 0.5 以上，CR 值都在 0.6 以上，因此，该模型具有内部一致性，且通过了信度检验。

表 5-2　　　　　　　　　模型参数检验结果

测度指标		测度指数		
		因子荷载	AVE	CR
GA	GA1	−0.715	0.673	0.729
	GA2	0.814		
	GA3	0.972		
	GA4	0.691		
	GA5	−0.516		
	GA6	—		
	GA7	—		
SE	SE1	—	0.706	0.863
	SE2	0.882		
	SE3	−0.801		
EE	EE1	−0.671	0.517	0.895
	EE2	0.895		
CR	CR1	0.802	0.634	0.719
	CR2	0.756		
	CR3	0.603		
RE	RE1	0.791	0.522	0.882
	RE2	−0.747		
	RE3	0.899		
RH	RH1	0.713	0.607	0.794
	RH2	−0.529		
	RH3	—		

续表

测度指标		测度指数		
		因子荷载	AVE	CR
发展中国家风险×基础设施系统脆弱性	GA×CR	0.917		
	GA×RH	0.719		
	GA×ER	0.842		
	SE×CR	0.903		
	SE×RH	0.826		
	SE×ER	0.793		
	EE×CR	0.892		
	EE×RH	0.811		
	EE×ER	0.805		

二 模型结果

本章采用 PLS Algorith 进行概念模型中的路径系数计算，并使用 Bootstrapping 进行显著性检验，最终结果如表 5-3 所示。

表 5-3　各假设结果的总体效应显著性检验结果

	路径关系	路径系数及显著性
假设	来自东道国政府的风险→FII	0.043***
	来自东道国社会的风险→FII	0.025**
	来自东道国经济环境的风险→FII	-0.019
H1a	基础设施项目风险暴露→FII	-0.203***
H1b	跨国企业风险应对能力→FII	0.274***
H1c	东道国与母国关系→FII	0.12
H2a	基础设施项目风险暴露×东道国政府→FII	-0.130
	基础设施项目风险暴露×东道国社会→FII	-0.045
	基础设施项目风险暴露×东道国经济环境→FII	0.014
H2b	跨国企业×东道国政府→FII	0.072***
	跨国企业×东道国社会→FII	0.151**
	跨国企业×东道国经济环境→FII	-0.054

续表

	路径关系	路径系数及显著性
H2c	东道国与母国关系×东道国政府→FII	0.053
	东道国与母国关系×东道国社会→FII	0.039
	东道国与母国关系×东道国经济环境→FII	-0.157

注：＊＊代表该指标显著性 $p<0.05$；＊＊＊代表该指标显著性 $p<0.01$。

在关于国家风险对中国 FII 的影响中，来自东道国政府方面的风险因素会阻碍中国企业参与基础设施投资项目，显著性水平为 0.01。来自东道国社会方面的风险因素也会阻碍中国跨国企业参与基础设施项目的投资，且显著性水平为 0.05。由此可见，中国 FII 主要面临来自东道国政府和社会方面的风险影响。

而在关于基础设施系统脆弱性对中国企业 FII 的影响中，基础设施项目特点所导致的风险暴露和跨国企业的风险应对能力是影响中国企业 FII 的主要因素，显著性水平为 0.01。也就是说，跨国企业的风险应对能力越强，基础设施项目风险暴露程度越低，其 FII 项目也就越多。

在关于基础设施系统脆弱性对东道国国家风险的干预作用路径中，跨国企业的风险应对能力对具有显著作用的来自东道国政府和社会方面的风险因素作用产生影响。其中，跨国企业的风险应对能力对于东道国政府方面的风险因素的影响具有极为显著的阻碍作用，显著性水平为 0.01。而跨国企业的风险应对能力对于来自东道国社会方面的风险因素的影响具有较为显著的阻碍作用，显著性水平为 0.05。而脆弱性因素中的风险暴露和东道国与母国关系都未对来自东道国的风险因素后果产生显著的干预作用。

三 假设验证

基于模型结果，假设修正后的模型如图 5-2 所示。由此可见，假设 H1 中关于基础设施系统脆弱性对中国企业 FII 的影响中，假设 H1c 被否定，而假设 H1a 和假设 H1b 都被验证。在关于基础设施系统脆弱性对东道国风险影响的干预作用假设中，只有跨国企业的风险应对能力呈现出较为显著的影响。

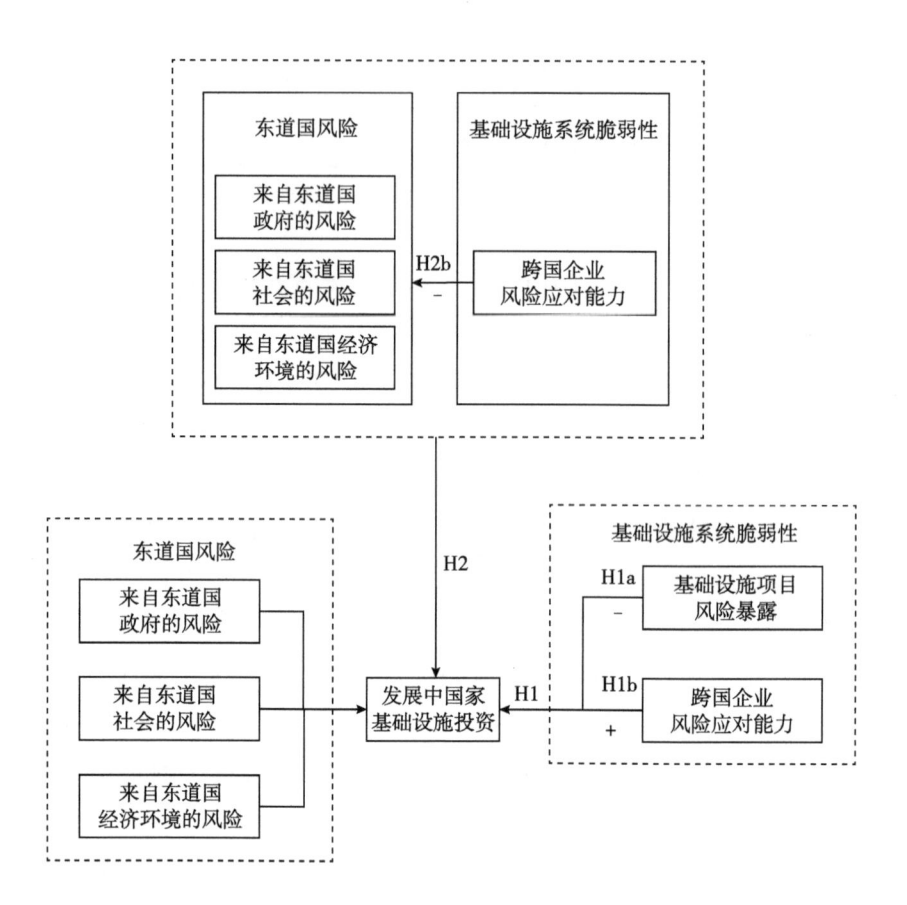

图 5-2 修正后的模型

第四节 结果讨论

一 基础设施系统脆弱性对东道国风险影响的作用

（一）基础设施系统脆弱性对 FII 的直接影响

正如表 5-3 所示，基础设施项目的低风险暴露程度和跨国企业的强风险应对能力都能显著地促进跨国企业参与投资。基础设施项目的风险暴露程度主要由基础设施项目的特点决定，即基础设施项目在东道国的需求程度、项目合同周期以及项目合同授予级别。当东道国的基础设施项目需求较低时，本地基础设施市场竞争较为激烈，而中国企业也将面临来自东道国政府和本国企业更大的压力，从而降低跨国企业投资流入东道国基础设施市场（Jiang，Martek，Hosseini，Chen et al.，2019）。从基础设施项目全生命周期来看，合同期长，跨国投资企业则将面临来自东道国政府和社会变动的压力，从而面临高程度的风险暴露（Deng，Low et al.，2014；Zhang，2007）。此外，合同授予级别也将会影响项目受到当地政府的支持水平。因此，这些项目特点会影响基础设施项目在东道国的风险暴露程度。

跨国企业的风险应对能力也将显著影响中国企业参与 FII，该因素主要受到跨国企业规模、其在东道国的本地化程度以及国际化程度等共同影响。结果表明，跨国企业规模越大、本地化和国际化程度越高，其越能吸引跨国企业参与东道国的基础设施投资。

（二）基础设施系统脆弱性对东道国风险影响的间接作用

在表 5-3 所示的结果中可以看到，基础设施系统脆弱性中的项目特点导致的风险暴露和东道国与母国关系并未表现出对东道国风险具有显著的影响。这与以往相关研究存在不同之处（Deng，Low et al.，2014；Jiang，Martek，Hosseini，Chen et al.，2019），这些相关研究认为项目需求、项目规模大小以及东道国与母国关系都对东道国风险产生显著的影响，尤其是东道国政治风险带来的影响。而本章研究表明，跨国企业的风险应对能力将对东道国风险影响中国跨国企业 FII 产生显著的干预作用，而这主要通过跨国企业规模、本地化和国际化程度等指标来实现。

跨国企业的规模大小已经被相关研究证实对减弱东道国风险带来的不利影响有较为显著的作用，这也与国际工程领域诸多相关研究所提出的跨国企业规模是跨国投资面对政治风险脆弱性特点的决定性因素相类似（Dai et al.，2017；Deng，Low et al.，2014）。跨国企业的规模越大则其承担由东道国风险所导致的损失的能力也就越强，而这主要通过获得当地政府和公众支持的方式来实现（Dai et al.，2017）。

跨国企业的国际化程度在本章研究中也被证明能有效抵抗东道国给中国跨国企业带来的不利影响。该结果与国际商业和国际工程领域中相关研究提出的国际化能让跨国企业拥有更多的国际风险应对经验（Al Khattab et al.，2007；Jiménez and Bjorvatn，2018）相一致。因此，跨国企业的国际化程度越高则越能降低东道国环境带来的风险和限制以及为应对东道国风险所提供的有用国际资源，比如国际金融机构、跨国供应链、国际承包商和运营商等（Al Khattab et al.，2007；Eduardsen and Marinova，2020）。

此外，跨国企业的本地化往往被认为是其对东道国承诺实现能力的体现，能较好地降低东道国风险带来的不利影响（Liu et al.，2016）。本地化程度越高则表明其在本地的政治、社会和经济资源越丰富，比如与东道国政府和当地合作伙伴有良好的关系（Chen，2005）。

二 基于基础设施系统脆弱性影响的 FII 风险应对路径

关于 FII 风险管理的大部分相关研究都将重点放在政治风险领域，且这些研究大多注重从企业、行业和国家层面分别识别出影响风险管理的因素，进而提出风险管理的路径和策略（Chang，Hwang et al.，2018；Deng，Low et al.，2014）。然而，这些研究极少探究这些因素本身会对风险影响产生的干预作用，而这却对 FII 进行有效风险管理极为重要。本章通过探究基础设施系统脆弱性对东道国风险产生不利后果的影响来解决这类研究不足的问题。根据基础设施系统脆弱性对 FII 的影响结果和路径，其干预作用主要通过跨国企业应对风险的能力来实现。因此，增强跨国企业的风险应对能力有助于其在 FII 中进行有效的风险应对，其可以通过以下三个具体的路径来实现：(1) 拓展跨国企业的规模，尤其是在东道国的子公司或分公司；(2) 提高跨国企业的国际化程度；(3) 增强跨国企业在东道国的本地化程度。

第五节 本章小结

尽管关于东道国风险对 FII 的影响已经被部分研究所探究,但该影响容易受到基础设施系统脆弱性的影响。尽管系统脆弱性的概念已经在其他领域得到了广泛研究,但是在 FII 领域的研究却较为有限。而 FII 不同于其他一般跨国投资,既有的研究成果也难以直接应用到本章研究中。因此,本章探索了海外基础设施系统脆弱性对 FII 东道国风险影响的作用。

本章采用 PLS 结构方程模型对 2006—2019 年的相关指标数据进行分析,识别出了对 FII 具有显著作用和对东道国风险影响具有显著作用的脆弱性因素。研究结果表明,基础设施项目特点所造成的风险暴露和跨国企业风险应对能力对 FII 具有显著的影响,同时更强的跨国企业的风险应对能力能显著降低东道国风险对 FII 带来的不利影响,而这也为中国企业参与 FII 风险管理提供了有效路径。

第六章 应对策略有效性评估

基于基础设施系统脆弱性对 FII 的影响,以及通过相关文献和案例分析识别出的应对策略,本章进一步探究这些应对策略对每一类风险的有效性,以及如何结合跨国投资者自身的脆弱性来探究这些策略的选择。

第一节 研究方法

为了识别出有效的 FII 风险应对策略,本章首先采用专家访谈法确定应对策略范围,在此基础上,采用均值法和因子分析法对应对策略的有效性进行评估,并建立相应的策略选择路径。

一 专家访谈法

尽管表 6-1 列出了从文献和案例中识别出的所有应对策略的清单,但是鉴于基础设施行业不同于其他跨国投资行业,具有投资体量大、运营周期长等特点,这些应对策略并非完全适用于发展中国家的基础设施投资。基于此,本章选取了七位专家以确定这些应对策略对于本章研究的适用性,并最终选择出 34 项适用的应对策略,其中被排除的应对策略具体见表 6-1。

表 6-1　　　　基于专家观点排除的应对策略

编号	应对策略	受访专家						
		1	2	3	4	5	6	7
S3	选择周期更短的项目	√		√		√		√

续表

编号	应对策略	受访专家						
		1	2	3	4	5	6	7
S10	指定独立的审计机构对东道国合作企业的资质和财务状况进行审核				√		√	
S14	排除不适用于东道国环境的合同条款		√					
S31	如果项目被延迟，则相应税收也应被推迟	√		√	√			√
S32	随着市场情况改变运营策略			√				
S35	根据合同向违约方索赔					√		

注：√表示该专家认为对应的应对策略应排除。

二　均值法

基于李克特量表的均值法已经被认为是较为有效的方法（Wang and Yuan，2011），因此本章将采用均值法就应对策略的有效性进行排序。

第二节　识别出的应对策略

基于第二章第四节中FII风险管理的相关理论，国际商业和国际工程领域都对制度理论、资源理论以及交易成本理论加以应用，提出了40项对应的东道国风险管理策略。进一步，通过专家访谈，就不适用于中国投资者FII时进行风险应对的策略进行识别，并将其排除在外。从结果来看，有6项应对策略需要被排除，具体见表6-1。尽管这些策略可能适用于一般国际工程，但对于发展中国家FII领域并不适用。

具体如下：（1）关于"选择周期更短的项目"的策略。尽管期限较长的项目往往被认为具有更大的不确定性，但是基础设施项目的回报率与项目周期紧密相关（Hu et al.，2021）。因此，即使充分进行风险调整和考虑，短周期项目的利润也比长周期项目的利润低得多。（2）关于"指定独立的审计机构对东道国合作企业的资质和财务状况进行审核"的策略。尽管其被认为对国际承包商很重要

(Wang et al., 2000)，但是为 FII 指定这类审计机构并不适合，主要是因为合作伙伴降低风险危害的能力比其财务和资质状况更为重要，而这些可以通过尽职调查，甚至是通过子公司或分公司来收集。(3) 关于"排除不适用于东道国环境的合同条款"的策略。其被认为应包含在关于优化合同条款的策略中，因此应从清单中被移除。(4) 关于"如果项目被延迟，则相应税收也应被推迟"的策略。延迟税收缴纳的策略被排除是因为其被认为不符合实际情况，东道国税收制度是针对所有行业而制定的，并非针对某一特定行业。(5) 关于"随着市场情况改变运营策略"的策略。其被认为不符合基础设施市场情况，这主要是因为发展中国家的基础设施服务的定价往往由政府制定，极少由市场确定。(6) 关于"根据合同向违约方索赔"的策略。其被认为是策略 36 和策略 38 的必要前提，不需要被单独提出，因此也应该考虑被删除。

针对识别出的 34 项东道国风险应对策略，本节就跨国企业在项目各阶段所能采取的应对策略进行分析，这有助于其在项目不同阶段进行策略选择，以提高风险应对的有效性。

一　项目前期

FII 项目与国际工程前期类似，一般涉及国别市场选择、项目选择、投资模式选择等（Chen, 2005），而东道国环境对这些选择至关重要。这个阶段更多的是风险预防类策略。

（一）选择合适的国家市场、行业及项目（S1）

良好的东道国环境有利于项目的顺利推进（贾若愚，2016），因此，国际投资者在决定进入东道国的基础设施市场之前，首先需要对东道国环境和基础设施市场有较为深入的了解。在进行国别市场选择时，若东道国风险尤其是政治风险较高，则应避免在该国投资（Chang, Hwang et al., 2018; Deng, Low et al., 2014）。而在选择项目时，要对东道国基础设施市场进行深入了解，选择合适的基础设施行业与项目，尤其是东道国政府重点支持的项目。选择东道国政府支持的项目，可在很大程度上降低投资者所面临的源于东道国政府的风险。

（二）选择合适的市场进入模式（S2）

市场进入模式确定了跨国投资者进入东道国的组织和制度安排，而这些安排会影响跨国企业所受到的东道国风险的影响（Aulakh and Kotabe，1997），会对其在东道国基础设施市场上的战略和绩效产生持续而深远的影响（Brouthers and Hennart，2007）。由此，在进入东道国基础设施市场之前，选择合适的市场进入模式是进行东道国风险管控的有效策略之一。对跨国企业来说，常用的投资进入模式主要分为独资与合资（Brouthers，2002；Naumann and Lincoln，1991），而其实现方式分为并购与新建。

（三）购买风险保险（S4）

购买风险保险被认为是跨国投资人应对风险的有效策略，尤其针对东道国的政治风险，购买政治风险保险已经成为诸多跨国投资人的常用方法（Brink，2004；Chang，Hwang et al.，2018；Lee and Schaufelberger，2014；Wang et al.，2000）。这类保险通常由一些大型国际机构、各国政策性机构以及商业保险机构等提供，如目前国际上应用最广的是世界银行 Multilateral Investment Guarantee Agency（MIGA）、中国政策性保险机构中信保、美国商业保险机构 American International Group（AIG）等（张英达和葛顺奇，2011）。而大部分跨国投资风险保险类型所覆盖的风险因素主要包括外汇兑换或转移限制、征收、战争及暴乱、政府违约四类，而对于由经济环境等带来的东道国风险因素却极少涵盖。

（四）与东道国政府保持良好关系（S5）

在发展中国家，东道国政府往往是基础设施项目的主要客户，也是东道国风险的主要来源之一（Al Khattab et al.，2007），其可以通过颁布行业政策或合同框架要求来影响基础设施行业（Deng，Low et al.，2014）。因此，与东道国政府尤其是高级别官员保持良好关系，有助于国际投资者，具体包括：（1）及时获取项目前期信息；（2）尽快完成项目各阶段的审批流程；（3）提前获知项目所在行业或针对跨国投资者的相关政策的变动等（Brink，2004；Iankova and Katz，2003；Ling and Hoang，2009）。

(五) 与东道国非政府组织/民众保持良好关系 (S6)

东道国非政府组织主要指的是政府部门以外的，有一定权力的组织，比如劳工组织、与基础设施行业相关的协会、环境保护组织、当地商业联盟等（Ashley and Bonner, 1987）。这些组织可以通过影响政策制定者、改变政治和社会环境、煽动当地群众游行中断项目、其他干预行为等影响FII项目的实施（Jauch, 2011）。因此，与东道国非政府组织和民众保持良好关系，可降低项目因当地民众反对而引起的损失（Deng, Low et al., 2014）。

(六) 从东道国政府获得相应的担保 (S7)

从风险分担的角度来看，东道国政府的担保能在一定程度上分担投资人在基础设施项目全生命周期面临的风险（Chang, Hwang et al., 2018; Lee and Schaufelberger, 2014; Wang et al., 2000）。政府提供的担保方式多样，如要求政府机构参与基础设施项目的投融资；在合同签订时，对政府的过多干预或违约行为等进行约束等（贾若愚，2016）。

(七) 与东道国本地企业建立合作关系 (S8)

跨国投资者进入东道国基础设施市场前，与东道国企业建立商业联系，有助于跨国投资者降低进入东道国基础设施市场的壁垒，完成项目前期审批流程；另外，由于东道国企业对当地市场更为了解，其能提供的上下游材料和人力等的供应渠道更为成熟，所提供的价格往往比投资者从母国或别国市场获取的价格更有竞争力（Deng, Low et al., 2014; Lee and Schaufelberger, 2014; Wang et al., 2000）。

(八) 事前全面的风险评估 (S9)

事前全面的风险评估有助于跨国投资者根据自身风险应对能力和项目特点选择合适的国别市场和进入模式，从而最大限度地降低风险带来的不利影响。

二 合同签订

FII项目总合同包含项目融资、建设、运营等全生命周期中的款项支付方式、合同价格调整、项目采用的建设标准、项目运营服务周期及内容等，同时跨国投资者也会与各个合作者签订分协议等，涉及项目之后实施的各个子环节（贾若愚，2016）。因此，跨国投资者在合同中设置有利于自己一方的合同条款是转移或降低政治风险的一种重要方式。具体可采取以下措施。

（一）采用最优的合同结构和条款（S11）

在签订项目合同时，首先应排除在东道国不具有实操性的合同条款和条件（Ling and Hoang, 2009）。在此基础上，尽量采取最优的合同结构与条款，使合同有利于减少或转移跨国投资者面对的东道国政治风险（Chang, Hwang et al.，2018；Wang et al.，2000）。

（二）设置以防意外事件发生额外支付费用的条款（S12）

在合同条款中也应当设置由意外事件或不可抗力事件所导致的项目损失的费用支付或赔偿方式等（Schaufelberger et al.，2003）。

三 项目融资

在项目融资阶段可能面临着东道国政府调高费率、限制国际投资者利润回流到母国、限制回报率、东道国或国际形势变动引起汇率变动等各种风险因素，针对这些风险，可以采取以下几种应对策略。

（一）使用项目融资结构将项目风险与整体公司风险分开（S13）

采用项目融资模式，将投资者在东道国投资面临的风险与母国总公司进行隔离，使东道国风险对跨国投资者造成的损失变得可控。

（二）多元化资金来源（S15）

多元化资金来源可为投资者提供更好的风险分担，尤其是从国际金融机构获取项目资金。国际金融机构在不少发展中国家为多个基础设施项目提供资金，如世界银行、亚洲开发银行等，因此，这些大型国际金融机构在发展中国家具有丰富的经验（Chang, Hwang et al.，2018）。跨国投资者与这些国际金融机构合作，一方面，可以借国际金融机构在东道国的影响力，减少来自东道国政府、非政府组织等的阻碍，降低东道国政府的违约风险等；另一方面，国际金融机构可以为项目提供国际贷款，更好地应对汇兑限制等风险（Schaufelberger and Wipadapisut, 2003）。

(三) 结合本地货币和外汇构建项目收入货币体系 (S16)

海外基础设施项目投资往往涉及较长的运营周期,在漫长的运营期间,会产生较大的项目收入,同时跨国投资者需要将项目利润转移回母公司,若仅使用东道国货币,则项目收入容易受到东道国环境变动引起的汇率波动、东道国限制利润流回母国等风险的影响(Schaufelberger et al.,2003)。因此,构建多货币的项目收入货币体系有利于跨国投资者提高项目收益。

(四) 采用与预期收入相同的货币进行债务融资 (S17)

在进行债务融资时,需充分考虑预期收入所采用的货币。与预期收入货币类型匹配,可以降低汇率波动或东道国限制利润出境等风险对其之后还款的不利影响(Schaufelberger et al.,2003)。

(五) 使用固定费率或利率进行债务计算 (S18)

东道国政府调高国内银行利率或因国际形势不稳定而带来汇率上升,都会对基础设施项目的融资债务产生较大的不利影响,而采用固定费率或利率可有效降低此类风险带来的影响(Schaufelberger et al.,2003)。

(六) 建立应急信贷机制以支付意外费用 (S19)

为应对东道国风险对整个项目带来的巨大损失,跨国投资者应采取应急信贷机制以支付风险带来的费用增加(Schaufelberger et al.,2003)。

四 项目建设

项目建设阶段可能面临着来自东道国政府违约、与母国标准要求不一致、导致项目人员受伤害和项目停工的战争或暴乱等风险因素。针对此类风险,跨国投资者可以采取以下应对策略。

(一) 结合有实力的东道国与母国承包商 (S20)

当进入 FII 项目建设阶段时,跨国投资者可能因不熟悉东道国市场而造成项目不合法、已有的技术不符合东道国技术标准要求、项目建设审批流程较长、东道国政府对投资者的资质要求与母国大相径庭等来自东道国政府和制度方面的风险(Deng,Low et al.,2014)。而与东道国承包商合作能较好地解决跨国投资者面对的此类问题

(Deng, Low et al., 2014), 这种方式有助于其快速了解东道国市场, 具备东道国建筑市场资质和行业技术, 迅速进入东道国市场并完成项目审批流程 (Brink, 2004), 减弱其外来投资者的形象, 增强项目的本地化程度 (Sui Pheng and Hongbin, 2003)。

(二) 建筑工地封闭管理 (S21)

若东道国社会环境较为动荡, 甚至偶有内部战争、民族宗教斗争等暴力事件发生, 则应采取封闭的建筑工地管理制度, 防止项目人员因外出而面临安全问题 (Chang, Hwang et al., 2018)。

(三) 避免操作不当行为 (S22)

在项目建设阶段, 项目建设承包方应当防止出现一系列不恰当的操作, 如贿赂当地政府官员、种族或宗教歧视、环境破坏等 (Deng, Low et al., 2014)。避免这些不恰当操作可以减少项目暴露于来自东道国政府 (项目建设审批、材料进出口运输)、非政府组织和民众 (民众反对)、宗教冲突等的风险 (Chang, Hwang et al., 2018)。

(四) 采取较好的劳工政策 (S23)

若跨国投资者或承包商为本地工作人员或劳工提供的待遇不够, 甚至低于该国最低要求, 则易引起本地非政府组织或民众对项目的反对甚至是对投资者的仇视 (Deng, Low et al., 2014)。因此, 跨国投资者若为劳工提供较好的待遇, 一方面可在一定程度上减少来自政府和非政治组织及民众的阻碍, 另一方面可在当地建立较好的企业形象, 有利于跨国企业在东道国的长远发展 (Brink, 2004)。

(五) 采用当地安保服务 (S24)

若东道国存在较为严重的宗教民族冲突、军事干预政治、内部冲突等暴力事件, 投资者应采用当地安保服务, 以便更有效地保证施工现场人员的生命与设备财产的安全, 降低因意外事故带来的项目成本上升 (Chang, Hwang et al., 2018; Giambona et al., 2017)。

(六) 派遣员工进行专业培训项目 (S25)

母公司需要对从本国派到东道国的人员进行专业培训, 涉及当地项目标准要求、文化特点、宗教风俗等各方面 (Brink, 2004;

Chang, Hwang et al. , 2018; Ling and Hoang, 2009)。这样既可以减少员工因不熟悉环境而导致与当地民众的冲突，也可以降低员工不熟悉当地行业制度和标准要求导致项目操作的失误。

五 项目运营

基础设施项目运营周期较长且资产体量较大，一旦发生东道国风险将对项目产生致命的打击，如内战、暴乱、宗教争斗、资产被征收、政府违约等。应对这些风险既需要增强投资者本身的风险抵抗力，也需要注意增加外部联系，降低外部风险。

（一）与当地商业产生紧密链接（S26）

投资者在东道国运营子公司或基础设施项目时，应当注重与当地商业或相关企业产生紧密联系（Ashley and Bonner, 1987; Chang, Hwang et al. , 2018）。该策略有助于投资者获取来自东道国政府、非政府组织及民众等的信任，并建立稳定友好关系，进而降低跨国企业在东道国的风险暴露，如政府征收、违约、民众反对等。

（二）控制核心和关键技术（S27）

如果跨国投资者始终掌握着项目运营的核心和关键技术，就拥有了和政府讨价还价的能力，受到当地政府管制的可能性也就更低（Alon and Herbert, 2009）。同时，给当地劳动力组织技术培训等类型的技术转移也可使东道国政府和当地民众降低对海外企业的敌意，有利于当地基础设施行业的发展（Brink, 2004; Chang, Hwang et al. , 2018; Zhao et al. , 2009）。

（三）灵活的供应链管理（S28）

在整个项目运营过程中，投资者也应该注重供应链的灵活管理（Brink, 2004; Giambona et al. , 2017），该策略主要包含两个方面：一方面，项目运营所涉及的设备与材料等的供应从本地和国际供应商等多处供给；另一方面，与政府签订的服务供应协议应具有保底供应量，并在此基础上具有浮动的服务价格等。这样可以降低项目运营收益受到因东道国风险而导致的供需变化的影响。

六 项目全阶段

除了以上针对各个项目阶段可用于防范政治风险的策略，也存在部分应对策略在各个项目阶段都可以采用以降低政治风险可能带来的不利影响。

（一）遵守东道国法律法规（S29）

投资者需要在整个项目阶段严格遵守东道国的法律法规，尽量减少因触犯当地法律法规对项目带来的不利影响（Chang, Hwang et al., 2018）。

（二）树立良好的企业形象和声誉（S30）

在项目实施过程中，投资者应尽量树立良好的企业形象和声誉，如跨国企业可参与当地公益以赢得当地非政府组织和民众的好感等，从而减少来自当地各方的阻碍（Chang, Hwang et al., 2018; Deng, Low et al., 2014）。

（三）支持当地环境保护（S33）

在项目的前期勘探、建设和运营中都应充分考虑当地环境保护问题，以防止当地环保组织和民众对项目的反对（Chang, Hwang et al., 2018）。

（四）尊重当地传统文化（S34）

传统文化是各种思想、文化、观念、风俗等的总体表现，融合了该国的民族文化、宗教传统等。因此，东道国传统文化对项目有至关重要的影响，如项目的选址、当地民众对项目的态度等。因此，投资者及所有相关人员应尊重东道国传统文化，防止因文化冲突而阻碍项目实施（Chang, Hwang et al., 2018）。

七 风险事件发生后

以上各个阶段的东道国风险应对策略主要针对政治风险事件发生之前，该部分将针对风险发生后可采取的策略进行讨论。

（一）从母国获得支持（S36）

若东道国发生内战、暴乱、大规模针对母国的抗议事件等政治风险事件，严重危害跨国企业员工的生命安全，投资者应向母国寻求帮助，保障员工人身安全（Deng, Low et al., 2014）。

（二）通过协商解决争端（S37）

若东道国政府颁布针对特定行业或部分企业的投资政策，则跨国投资者应尽可能获得母国支持并与东道国政府进行洽谈协商等（Chang, Hwang et al., 2018）。针对具体项目层面，若投资者与东道国政府、当地合作伙伴等发生冲突，如政府违约、征收项目、当地合作伙伴因本地优势要求更改合作协议等，则应与冲突方尽可能协商解决，降低损失（Chang, Hwang et al., 2018; Ling and Hoang, 2009）。

（三）依靠国际仲裁机构和风险保单政策（S38）

若东道国政府违约等，则可依靠专门针对投资争端的国际机构进行仲裁，同时也可清算损失，申请保险理赔，最小化投资损失（Wang et al., 2000）。

（四）应急响应计划（S39）

在项目开始时就应对各种政治风险事件制订出相应的应急响应计划，其涉及人员安排、应急资金、风险应对策略及成本等。在相应东道国发生风险时，可结合实际情况，采取对应的策略（Brink, 2004; Deng, Low et al., 2014）。

（五）事后反应评估（S40）

政治风险事件发生后，应评估前期制订的应急响应计划的有效性，对其是否有效控制了政治风险对项目的影响进行评估，并分析应急计划的不足之处，有利于完善之后进入发展中国家基础设施市场的应急计划（Chang, Hwang et al., 2018）。

八　应对策略分类

基于脆弱性理论和风险传导理论所形成的风险应对框架，东道国风险应对可分为降低风险暴露和增强风险应对能力两类，识别出的34项策略的分类可见表6-2。

表6-2　　　　　　　东道国风险应对策略分类

风险应对策略		应对策略分类	
		降低风险暴露	增强应对能力
S1	选择合适的国家市场、行业及项目	√	
S2	选择合适的市场进入模式	√	
S4	购买风险保险		√

续表

风险应对策略		应对策略分类	
		降低风险暴露	增强应对能力
S5	与东道国政府保持良好关系	√	
S6	与东道国非政府组织/民众保持良好关系	√	
S7	从东道国政府获得相应的担保		√
S8	与东道国本地企业建立合作关系		√
S9	事前全面的风险评估	√	
S11	采用最优的合同结构和条款		√
S12	设置以防意外事件发生额外支付费用的条款		√
S13	使用项目融资结构将项目风险与整体公司风险分开	√	
S15	多元化资金来源		√
S16	结合本地货币和外汇构建项目收入货币体系		√
S17	采用与预期收入相同的货币进行债务融资		√
S18	使用固定费率或利率进行债务计算		√
S19	建立应急信贷机制以支付意外费用		√
S20	结合有实力的东道国与母国承包商		√
S21	建筑工地封闭管理	√	
S22	避免操作不当行为	√	
S23	采取较好的劳工政策	√	
S24	采用当地安保服务		√
S25	派遣员工进行专业培训项目		√
S26	与当地商业产生紧密链接		√
S27	控制核心和关键技术		√
S28	灵活的供应链管理		√
S29	遵守东道国法律法规	√	
S30	树立良好的企业形象和声誉	√	
S33	支持当地环境保护	√	
S34	尊重当地传统文化	√	
S36	从母国获得支持		√
S37	通过协商解决争端		√
S38	依靠国际仲裁机构和风险保单政策		√
S39	应急响应计划		√

续表

风险应对策略	应对策略分类	
	降低风险暴露	增强应对能力
S40 事后反应评估		√

第三节 应对策略有效性

本节内容首先呈现了问卷中关于应对策略的数据有效性，在此基础上对数据分析结果及讨论进行了展现。

一 问卷数据有效性

在进行数据分析之前，有必要就应对策略的有效性进行验证，这也是问卷数据能否真实反映受访者意见的关键。克隆巴赫系数是验证可信度中使用最为广泛的系数之一（Chen and Doloi, 2008），其将被用在本章的研究中。该系数的值在 0 和 1 之间变化，表示变量之间的相关性。当该指数大于 0.7 时，该数据和模型被认为是一致的和可信的（Afthanorhan, 2013）。应对策略数据的克隆巴赫系数结果在表 6-3 中呈现。可以看出，克隆巴赫系数结果均在 0.7 及以上，满足可信度检验要求，因此，应对策略数据具有可信度。

表 6-3　　　　　　　　　　　可信度检验结果

策略类型	策略数量	克隆巴赫系数
SRI	23	0.905
SET	11	0.945

二 应对策略有效性排序

识别出的 34 项应对策略的有效性均值如表 6-4 所示。可以看出，可以被跨国企业使用的策略中最为有效的 5 项应对策略为：（1）选择合适的国家、市场和项目；（2）与东道国政府保持良好的关系；

（3）购买风险保险；（4）适当将有能力的东道国和母国的承包商与运营商结合；（5）选择合适的市场进入模式。相反地，5 项有效性最低的策略包括：（1）灵活的供应链管理；（2）事后反应评估；（3）采取较好的劳工政策；（4）控制核心和关键技术；（5）在进行项目贷款时采用固定利率。由此可见，在其他相关领域被认为有效的策略往往在发展中国家 FII 领域中被认为有效性很低。

表 6-4　　　　　　　　　　应对策略有效性排名

编号	应对策略	数量	均值	标准偏差	排序
S1	选择合适的国家市场、行业和项目	218	4.103	0.571	1
S5	与东道国政府保持良好关系	218	3.985	0.908	2
S4	购买风险保险	218	3.620	0.804	3
S20	结合有实力的东道国与母国承包商	218	3.553	0.694	4
S2	选择合适的市场进入模式	218	3.478	0.757	5
S6	与东道国非政府组织/民众保持良好关系	218	3.453	0.790	6
S7	从东道国政府获得相应的担保	218	3.423	0.774	7
S13	使用项目融资结构将项目风险与整体公司风险分开	218	3.410	0.956	8
S38	依靠国际仲裁机构和风险保单政策	218	3.409	0.763	9
S36	从母国获得支持	218	3.393	0.942	10
S15	多元化资金来源	218	3.361	0.955	11
S39	应急响应计划	218	3.346	0.847	12
S17	采用与预期收入相同的货币进行债务融资	218	3.343	0.932	13
S8	与东道国本地企业建立合作关系	218	3.343	0.987	14
S9	事前全面的风险评估	218	3.329	0.455	15
S12	设置以防意外事件发生额外支付费用的条款	218	3.281	0.874	16
S11	采用最优的合同结构和条款	218	3.235	0.853	17
S30	树立良好的企业形象和声誉	218	3.219	1.047	18
S25	派遣员工进行专业培训项目	218	3.216	0.934	19
S24	采用当地安保服务	218	3.206	0.755	20
S37	通过协商解决争端	218	3.186	0.891	21
S26	与当地商业产生紧密链接	218	3.171	0.833	22

续表

编号	应对策略	数量	均值	标准偏差	排序
S21	建筑工地封闭管理	218	3.150	0.878	23
S34	尊重当地传统文化	218	3.114	0.862	24
S19	建立应急信贷机制以支付意外费用	218	3.074	0.836	25
S29	遵守东道国法律法规	218	3.062	0.835	26
S22	避免操作不当行为	218	2.989	0.754	27
S33	支持当地环境保护	218	2.969	1.372	28
S16	结合本地货币和外汇构建项目收入货币体系	218	2.966	1.020	29
S28	灵活的供应链管理	218	2.887	0.934	30
S40	事后反应评估	218	2.886	0.933	31
S23	采取较好的劳工政策	218	2.868	0.980	32
S27	控制核心和关键技术	218	2.842	1.007	33
S18	使用固定费率或利率进行债务计算	218	2.682	1.127	34

三 FII 风险因素的应对策略及有效性评估

尽管从跨国企业角度识别出了风险应对策略清单，但这些应对策略大都来自跨国投资和国际工程领域，并未针对发展中国家基础设施领域，因此，这些应对策略是否适用于应对发展中国家 FII 风险以及这些应对策略的有效性尚未可知。为探究这些应对策略对每类东道国风险因素的有效性，本节根据 FII 中的风险因素清单与识别出的各个项目阶段的风险应对策略清单形成东道国风险对策问卷，用以确定这些风险应对策略与风险的匹配性和有效性。问卷的有效性评分从 1 到 5，表示其有效性从低到高的程度。

（一）东道国 GR 应对策略及有效性评估

通过问卷调查可以发现，34 项风险应对策略中只有 25 项对源于东道国政府行为的风险有预防或应对效果，如表 6-5 所示。这些策略的有效性排序也可见表 6-5，其中与政府相关的策略被认为有效性较高，如与东道国政府保持良好关系，从母国获得支持，从东道国政府获得相应担保等。

此外，来自东道国政府的风险由政府稳定性、法律法规变动、腐败、民主程度、内外部战乱、军事干预政府等各个风险因素组成，与这类风险因素匹配的应对策略及有效性也将被展开讨论，便于跨国投资者更有针对性地选择应对策略。

表6-5 源于东道国政府风险的应对策略及有效性

项目阶段	风险对策		有效性	有效性排序
P1	S1	选择合适的国家市场、行业及项目	3.854	1
P1	S5	与东道国政府保持良好关系	3.593	2
P7	S36	从母国获得支持	3.590	3
P4	S20	结合有实力的东道国与母国承包商	3.493	4
P7	S38	依靠国际仲裁机构和风险保单政策	3.469	5
P6	S29	遵守东道国法律法规	3.419	6
P1	S7	从东道国政府获得相应的担保	3.366	7
P1	S4	购买风险保险	3.357	8
P1	S2	选择合适的市场进入模式	3.308	9
P6	S30	树立良好的企业形象和声誉	3.286	10
P7	S39	应急响应计划	3.159	11
P7	S37	通过协商解决争端	3.074	12
P5	S27	控制核心和关键技术	3.067	13
P3	S13	使用项目融资结构将项目风险与整体公司风险分开	3.004	14
P2	S11	采用最优的合同结构和条款	2.997	15
P5	S26	与当地商业产生紧密链接	2.994	16
P2	S12	设置以防意外事件发生额外支付费用的条款	2.932	17
P3	S19	建立应急信贷机制以支付意外费用	2.913	18
P7	S40	事后反应评估	2.883	19
P5	S28	灵活的供应链管理	2.858	20
P4	S22	避免操作不当行为	2.661	21
P4	S25	派遣员工进行专业培训项目	2.633	22
P1	S6	与东道国非政府组织/民众保持良好关系	2.583	23
P4	S24	采用当地安保服务	2.579	24
P4	S21	建筑工地封闭管理	2.477	25

1. 政府稳定性风险的应对策略及有效性（GR1）

政府稳定性风险的应对策略及有效性如表6-6所示。在34项应对策略中，有22项策略的有效性在3分及以上。其中，项目前期选择合适的国家、市场及项目，购买风险保险，风险发生后从母国获得支持以及通过国际仲裁机构来降低损失等是预防和治理东道国政府不稳定风险的有效策略。

表6-6　　　　　　　　政府稳定性风险的应对策略

项目阶段		风险对策	有效性	有效性排序
P1	S1	选择合适的国家市场、行业及项目	4.481	1
P7	S36	从母国获得支持	4.275	2
P1	S4	购买风险保险	4.255	3
P7	S38	依靠国际仲裁机构和风险保单政策	3.880	4
P6	S29	遵守东道国法律法规	3.855	5
P6	S30	树立良好的企业形象和声誉	3.775	6
P4	S20	结合有实力的东道国与母国承包商	3.620	7
P7	S39	应急响应计划	3.608	8
P1	S2	选择合适的市场进入模式	3.522	9
P1	S7	从东道国政府获得相应的担保	3.522	10
P3	S13	使用项目融资结构将项目风险与整体公司风险分开	3.480	11
P5	S27	控制核心和关键技术	3.370	12
P7	S37	通过协商解决争端	3.348	13
P1	S5	与东道国政府保持良好关系	3.319	14
P4	S25	派遣员工进行专业培训项目	3.295	15
P2	S12	设置以防意外事件发生额外支付费用的条款	3.235	16
P7	S40	事后反应评估	3.229	17
P5	S26	与当地商业产生紧密链接	3.217	18
P4	S24	采用当地安保服务	3.188	19
P2	S11	采用最优的合同结构和条款	3.167	20
P5	S28	灵活的供应链管理	3.043	21
P3	S19	建立应急信贷机制以支付意外费用	3.000	22

2. 腐败风险的应对策略及有效性（GR2）

腐败风险的应对策略及有效性如表6-7所示，在34项应对策略中，有14项应对策略的有效性在3分及以上。其中，与东道国政府当局保持良好关系，建设过程中与东道国承包商合作，项目前期选择合适的国家、市场和项目，在项目全生命周期保持良好的企业形象和声誉，遵守东道国法律法规等都是预防和治理腐败或利用腐败寻求机会的最为有效的策略。

表6-7　　　　　　　　腐败风险应对策略

项目阶段		风险对策	有效性	有效性排序
P1	S5	与东道国政府保持良好关系	3.820	1
P4	S20	结合有实力的东道国与母国承包商	3.761	2
P1	S1	选择合适的国家市场、行业及项目	3.723	3
P6	S30	树立良好的企业形象和声誉	3.526	4
P6	S29	遵守东道国法律法规	3.509	5
P7	S38	依靠国际仲裁机构和风险保单政策	3.255	6
P1	S7	从东道国政府获得相应的担保	3.159	7
P7	S37	通过协商解决争端	3.159	8
P1	S2	选择合适的市场进入模式	3.156	9
P2	S11	采用最优的合同结构和条款	3.156	10
P7	S36	从母国获得支持	3.091	11
P5	S27	控制核心和关键技术	3.087	12
P2	S12	设置以防意外事件发生额外支付费用的条款	3.022	13
P3	S13	使用项目融资结构将项目风险与整体公司风险分开	3.000	14

3. 民主程度风险的应对策略及有效性（GR3）

民主程度低的应对策略及有效性如表6-8所示，在34项应对策略中，仅有8项应对策略的有效性在3分及以上。其中，风险发生后依靠国际仲裁机构和风险保单政策、项目建设中避免项目参与各方操作不当行为、风险发生后反应评估、与东道国政府保持良好关系等是预防和治理民主程度较低风险的有效策略。

表 6-8　　　　　　　　民主程度风险应对策略

项目阶段		风险对策	有效性	有效性排序
P7	S38	依靠国际仲裁机构和风险保单政策	3.660	1
P4	S22	避免操作不当行为	3.381	2
P7	S40	事后反应评估	3.146	3
P1	S5	与东道国政府保持良好关系	3.089	4
P3	S19	建立应急信贷机制以支付意外费用	3.050	5
P1	S6	与东道国非政府组织/民众保持良好关系	3.047	6
P1	S1	选择合适的国家市场、行业及项目	2.977	7
P6	S29	遵守东道国法律法规	2.920	8

4. 行政效力风险的应对策略及有效性（GR4）

行政效力风险的应对策略及有效性如表 6-9 所示，在 34 项应对策略中，仅有 11 项应对策略的有效性在 3 分及以上。其中，与东道国政府保持良好关系，项目建设过程中与有实力的东道国承包商合作，项目前期选择合适的国家、市场和项目，整个项目周期遵守东道国法律法规，选择合适的市场进入模式等是预防和治理行政效力风险的有效策略。

表 6-9　　　　　　　　行政效力风险应对策略

项目阶段		风险对策	有效性	有效性排序
P1	S5	与东道国政府保持良好关系	3.854	1
P4	S20	结合有实力的东道国与母国承包商	3.783	2
P1	S1	选择合适的国家市场、行业及项目	3.447	3
P6	S29	遵守东道国法律法规	3.353	4
P1	S2	选择合适的市场进入模式	3.170	5
P7	S36	从母国获得支持	3.114	6
P5	S28	灵活的供应链管理	3.091	7
P1	S7	从东道国政府获得相应的担保	3.068	8

续表

项目阶段		风险对策	有效性	有效性排序
P5	S27	控制核心和关键技术	3.045	9
P7	S38	依靠国际仲裁机构和风险保单政策	3.044	10
P6	S30	树立良好的企业形象和声誉	3.027	11

5. 法律制度风险的应对策略及有效性（GR5）

法律制度风险的应对策略及其有效性程度排序如表6-10所示，在34项应对策略中，有13项应对策略的有效性在3分及以上。

表6-10　　　　　　法律制度风险应对策略

项目阶段		风险对策	有效性	有效性排序
P1	S1	选择合适的国家市场、行业及项目	4.170	1
P1	S5	与东道国政府保持良好关系	4.000	2
P4	S20	结合有实力的东道国与母国承包商	3.918	3
P1	S7	从东道国政府获得相应的担保	3.854	4
P1	S2	选择合适的市场进入模式	3.783	5
P6	S30	树立良好的企业形象和声誉	3.773	6
P5	S27	控制核心和关键技术	3.638	7
P7	S36	从母国获得支持	3.638	8
P6	S29	遵守东道国法律法规	3.434	9
P5	S26	与当地商业产生紧密链接	3.341	10
P7	S37	通过协商解决争端	3.292	11
P2	S11	采用最优的合同结构和条款	3.133	12
P1	S4	购买风险保险	3.000	13

6. 军事参政风险的应对策略及有效性（GR6）

军事参政风险的应对策略及有效性程度排序如表6-11所示，在34项应对策略中，仅有12项应对策略的有效性在3分及以上。

表 6-11　　军事参政风险应对策略

项目阶段		风险对策	有效性	有效性排序
P7	S36	从母国获得支持	3.688	1
P1	S1	选择合适的国家市场、行业及项目	3.660	2
P1	S4	购买风险保险	3.652	3
P7	S38	依靠国际仲裁机构和风险保单政策	3.477	4
P1	S5	与东道国政府保持良好关系	3.467	5
P7	S39	应急响应计划	3.404	6
P1	S7	从东道国政府获得相应的担保	3.318	7
P4	S20	结合有实力的东道国与母国承包商	3.244	8
P1	S2	选择合适的市场进入模式	3.233	9
P6	S29	遵守东道国法律法规	3.137	10
P6	S30	树立良好的企业形象和声誉	3.111	11
P3	S13	使用项目融资结构将项目风险与整体公司风险分开	3.070	12

7. 外部冲突风险的应对策略及有效性（GR7）

外部冲突风险的应对策略及有效性程度排序如表 6-12 所示，在 34 项应对策略中，有 14 项应对策略的有效性在 3 分及以上。

表 6-12　　外部冲突风险应对策略

项目阶段		风险对策	有效性	有效性排序
P1	S1	选择合适的国家市场、行业及项目	4.143	1
P1	S4	购买风险保险	4.020	2
P7	S36	从母国获得支持	3.959	3
P7	S39	应急响应计划	3.640	4
P4	S25	派遣员工进行专业培训项目	3.587	5
P4	S24	采用当地安保服务	3.566	6
P7	S38	依靠国际仲裁机构和风险保单政策	3.556	7
P4	S21	建筑工地封闭管理	3.265	8
P1	S7	从东道国政府获得相应的担保	3.261	9
P1	S5	与东道国政府保持良好关系	3.143	10

续表

项目阶段		风险对策	有效性	有效性排序
P3	S19	建立应急信贷机制以支付意外费用	3.133	11
P6	S29	遵守东道国法律法规	3.120	12
P3	S13	使用项目融资结构将项目风险与整体公司风险分开	3.089	13
P6	S30	树立良好的企业形象和声誉	3.056	14

（二）东道国 SR 应对策略及有效性评估

通过问卷调查结果可以发现，34项东道国风险应对策略中只有20项应对策略的有效性在3分及以上，如表6-13所示。正如前文定义，来源于东道国社会的风险因素主要包括内部冲突、宗教冲突和民族与种族关系紧张。因各个风险因素的起源不同，下文将针对这些因素的应对策略展开分析。

表6-13　来源于东道国社会风险的应对策略及有效性

项目阶段		风险对策	有效性	有效性排序
P1	S1	选择合适的国家市场、行业及项目	4.435	1
P1	S4	购买风险保险	4.180	2
P6	S34	尊重当地传统文化	3.970	3
P7	S39	应急响应计划	3.929	4
P2	S12	设置以防意外事件发生额外支付费用的条款	3.795	5
P4	S24	采用当地安保服务	3.664	6
P4	S25	派遣员工进行专业培训项目	3.650	7
P4	S20	结合有实力的东道国与母国承包商	3.627	8
P4	S21	建筑工地封闭管理	3.619	9
P1	S2	选择合适的市场进入模式	3.600	10
P1	S7	从东道国政府获得相应的担保	3.588	11
P3	S19	建立应急信贷机制以支付意外费用	3.570	12
P1	S6	与东道国非政府组织/民众保持良好关系	3.551	13
P7	S38	依靠国际仲裁机构和风险保单政策	3.516	14
P1	S8	与东道国本地企业建立合作关系	3.454	15

续表

项目阶段		风险对策	有效性	有效性排序
P7	S37	通过协商解决争端	3.346	16
P4	S22	避免操作不当行为	3.286	17
P4	S23	采取较好的劳工政策	3.181	18
P7	S40	事后反应评估	3.071	19
P6	S33	支持当地环境保护	3.011	20

1. 内部冲突风险应对策略及有效性（SR1）

内部冲突风险的应对策略及有效性程度排序如表6-14所示，在34项应对策略中，有19项应对策略的有效性在3分及以上。

表6-14　　　　　　　　内部冲突风险应对策略

项目阶段		风险对策	有效性	有效性排序
P1	S1	选择合适的国家市场、行业及项目	4.566	1
P1	S4	购买风险保险	4.321	2
P7	S39	应急响应计划	3.962	3
P4	S25	派遣员工进行专业培训项目	3.820	4
P1	S7	从东道国政府获得相应的担保	3.731	5
P2	S12	设置以防意外事件发生额外支付费用的条款	3.725	6
P4	S21	建筑工地封闭管理	3.673	7
P4	S24	采用当地安保服务	3.667	8
P1	S2	选择合适的市场进入模式	3.660	9
P3	S19	建立应急信贷机制以支付意外费用	3.560	10
P4	S20	结合有实力的东道国与母国承包商	3.558	11
P7	S38	依靠国际仲裁机构和风险保单政策	3.558	12
P1	S6	与东道国非政府组织/民众保持良好关系	3.520	13
P1	S8	与东道国本地企业建立合作关系	3.460	14
P6	S34	尊重当地传统文化	3.460	15
P7	S37	通过协商解决争端	3.340	16
P4	S22	避免操作不当行为	3.311	17
P4	S23	采取较好的劳工政策	3.111	18

续表

项目阶段	风险对策		有效性	有效性排序
P7	S40	事后反应评估	3.021	19

2. 宗教冲突风险应对策略及有效性（SR2）

宗教冲突风险的应对策略及有效性程度排序如表 6-15 所示，在 34 项应对策略中，有 20 项应对策略的有效性在 3 分及以上。

表 6-15　　　　　　　宗教冲突风险应对策略

项目阶段	风险对策		有效性	有效性排序
P1	S1	选择合适的国家市场、行业及项目	4.471	1
P6	S34	尊重当地传统文化	4.245	2
P1	S4	购买风险保险	4.220	3
P7	S39	应急响应计划	3.920	4
P2	S12	设置以防意外事件发生额外支付费用的条款	3.830	5
P4	S24	采用当地安保服务	3.760	6
P4	S21	建筑工地封闭管理	3.653	7
P4	S25	派遣员工进行专业培训项目	3.620	8
P4	S20	结合有实力的东道国与母国承包商	3.609	9
P3	S19	建立应急信贷机制以支付意外费用	3.574	10
P1	S6	与东道国非政府组织/民众保持良好关系	3.549	11
P1	S2	选择合适的市场进入模式	3.543	12
P7	S38	依靠国际仲裁机构和风险保单政策	3.542	13
P1	S8	与东道国本地企业建立合作关系	3.457	14
P1	S7	从东道国政府获得相应的担保	3.455	15
P4	S22	避免操作不当行为	3.388	16
P7	S37	通过协商解决争端	3.353	17
P4	S23	采取较好的劳工政策	3.213	18
P7	S40	事后反应评估	3.128	19
P6	S33	支持当地环境保护	3.020	20

3. 民族、种族关系紧张风险应对策略及有效性（SR3）

民族、种族关系紧张风险的应对策略及有效性程度排序如表 6-16 所示，在 34 项应对策略中，有 22 项应对策略的有效性在 3 分及以上。

表 6-16　　民族、种族关系紧张风险应对策略

项目阶段		风险对策	有效性	有效性排序
P1	S1	选择合适的国家市场、行业及项目	4.269	1
P1	S2	选择合适的市场进入模式	3.596	2
P1	S4	购买风险保险	4.000	3
P1	S6	与东道国非政府组织/民众保持良好关系	3.585	4
P1	S7	从东道国政府获得相应的担保	3.578	5
P1	S8	与东道国本地企业建立合作关系	3.447	6
P2	S12	设置以防意外事件发生额外支付费用的条款	3.830	7
P3	S19	建立应急信贷机制以支付意外费用	3.574	8
P4	S20	结合有实力的东道国与母国承包商	3.714	9
P4	S21	建筑工地封闭管理	3.529	10
P4	S22	避免操作不当行为	3.160	11
P4	S23	采取较好的劳工政策	3.220	12
P4	S24	采用当地安保服务	3.566	13
P4	S25	派遣员工进行专业培训项目	3.510	14
P5	S27	控制核心和关键技术	2.545	15
P5	S28	灵活的供应链管理	2.804	16
P6	S33	支持当地环境保护	3.118	17
P6	S34	尊重当地传统文化	4.204	18
P7	S37	通过协商解决争端	3.346	19
P7	S38	依靠国际仲裁机构和风险保单政策	3.449	20
P7	S39	应急响应计划	3.904	21

续表

项目阶段	风险对策		有效性	有效性排序
P7	S40	事后反应评估	3.064	22

（三）东道国 EE 应对策略及有效性评估

1. 社会经济压力风险应对策略及有效性（ER1）

社会经济压力风险的应对策略及有效性程度排序如表6-17所示，在34项应对策略中，有14项应对策略的有效性在3分及以上。

表6-17　　　　　社会经济压力风险应对策略

项目阶段		风险对策	有效性	有效性排序
P1	S1	选择合适的国家市场、行业及项目	4.191	1
P2	S11	采用最优的合同结构和条款	3.702	2
P1	S7	从东道国政府获得相应的担保	3.511	3
P3	S16	结合本地货币和外汇构建项目收入货币体系	3.404	4
P1	S2	选择合适的市场进入模式	3.375	5
P6	S29	遵守东道国法律法规	3.311	6
P2	S12	设置以防意外事件发生额外支付费用的条款	3.300	7
P3	S13	使用项目融资结构将项目风险与整体公司风险分开	3.261	8
P1	S5	与东道国政府保持良好关系	3.244	9
P1	S4	购买风险保险	3.159	10
P7	S39	应急响应计划	3.146	11
P7	S38	依靠国际仲裁机构和风险保单政策	3.065	12
P5	S26	与当地商业产生紧密链接	3.044	13
P6	S30	树立良好的企业形象和声誉	3.044	14

2. 投资环境限制风险应对策略及有效性（ER2）

投资环境限制风险的应对策略及有效性程度排序如表6-18所示，在34项应对策略中，有15项应对策略的有效性在3分及以上。

表 6-18　　投资环境限制风险应对策略

项目阶段	风险对策		有效性	有效性排序
P1	S1	选择合适的国家市场、行业及项目	4.104	1
P2	S11	采用最优的合同结构和条款	3.667	2
P3	S16	结合本地货币和外汇构建项目收入货币体系	3.596	3
P1	S7	从东道国政府获得相应的担保	3.533	4
P2	S12	设置以防意外事件发生额外支付费用的条款	3.347	5
P1	S2	选择合适的市场进入模式	3.298	6
P6	S29	遵守东道国法律法规	3.178	7
P1	S5	与东道国政府保持良好关系	3.156	8
P3	S13	使用项目融资结构将项目风险与整体公司风险分开	3.156	9
P5	S26	与当地商业产生紧密链接	3.130	10
P7	S39	应急响应计划	3.125	11
P7	S36	从母国获得支持	3.109	12
P1	S4	购买风险保险	3.044	13
P6	S30	树立良好的企业形象和声誉	3.023	14
P7	S38	依靠国际仲裁机构和风险保单政策	3.022	15

第四节　本章小结

本章基于大量文献回顾和专家访谈识别出了 34 项发展中国家 FII 风险应对策略，并通过问卷调查方法评估这些策略的有效性，从而发现管理跨国基础设施投资中风险的有效性排名为前五的策略，具体如下：（1）评估和选择最合适的国家市场、行业和项目；（2）与东道国政府保持良好的关系；（3）购买风险保险；（4）结合有实力的东道国与母国承包商；（5）选择合适的市场进入模式。在此基础上，就各个东道国风险因素的应对策略进行识别，并就这些策略对不同风险因素的有效性进行分析。

第七章 应对策略选择

尽管上一章已就识别出的东道国风险应对策略有效性进行了深入分析，但是基于脆弱性理论，这些策略的有效性并非一成不变，会随着跨国企业和基础设施项目的脆弱性而有所不同。因此，本章将基于策略有效性，结合基础设施系统脆弱性探究应对策略选择。

第一节 研究方法

因子分析常用于识别共同的潜在因素，以分析诸多变量之间的相互关系（相关性）或结构（Hair，2011）。主成分分析是因子分析中的一种常用技术，其在以往的研究中得到了广泛应用。因此，本章根据应对策略的有效性，应用因子分析这一方法将这些分散的策略分为不同的组群，以便进行策略选择。

在进行因子分析之前，用以分析的数据集应满足以下要求：(1) 样本量需要足够大，方能进行因子分析，根据相关研究，样本量需要达到变量的五倍以上（Hair，2011）；(2) 变量之间的关系强度应符合 Bartlett 球形检验，建议 $p<0.05$（Bartlett，1954）；(3) KMO 指数应设置为推荐值，即大于等于 0.50（Kaiser，1974）。在本书中，数据集满足了这些要求。

第二节 应对策略分组结果

应对策略的因子分析分组结果呈现在表7-1中。基于应对策略有效性数据，识别出的34项应对策略被分成4组。

表7-1　　　　　　　　应对策略分类

策略编号	公因子方差	校正后相关性	策略分组 1	2	3	4
S18	0.749	0.645	0.842			
S27	0.785	0.743	0.822			
S28	0.713	0.732	0.759			
S16	0.681	0.685	0.731			
S30	0.769	0.835	0.671			
S26	0.698	0.720	0.662			
S36	0.610	0.599	0.628			
S22	0.828	0.884	0.613			
S33	0.650	0.553	0.594			
S13	0.809	0.875	0.593			
S38	0.590	0.728	0.578			
S5	0.659	0.629	0.563			
S17	0.796	0.591		0.864		
S15	0.794	0.603		0.858		
S7	0.534	0.701		0.656		
S12	0.647	0.713		0.614		
S19	0.613	0.695		0.603		
S6	0.760	0.558		0.569		
S11	0.655	0.751		0.548		
S29	0.714	0.812		0.520		
S1	0.559	0.695			0.503	
S23	0.838	0.702			0.770	

续表

策略编号	公因子方差	校正后相关性	策略分组 1	2	3	4
S25	0.665	0.638			0.752	
S24	0.648	0.669			0.686	
S37	0.639	0.693			0.675	
S21	0.646	0.690			0.636	
S39	0.652	0.714			0.540	
S2	0.683	0.792				0.822
S20	0.652	0.520				0.692
S34	0.650	0.557				0.564
S9	0.684	0.542				0.553
S3	0.693	0.728				0.550
S8	0.747	0.701				0.533
S40	0.837	0.543				0.508
克隆巴赫系数			0.939	0.909	0.833	0.926
特征值			7.362	6.013	5.680	2.990
方差（%）			21.653	17.686	16.706	14.795
累计方差（%）			21.653	39.339	56.045	70.840
KMO 指数			0.748			
Bartlett 球形检验	卡方检验		1886.143			
	自由度		561			
	显著性		0.000			

第三节 应对策略选择

一 有效性较高的风险应对策略

（一）选择合适的国家市场、行业和项目

明智地选择合适的国家和市场被认为是降低发展中国家 FII 风险的最有效策略。这与早期在国际工程领域中发现的选择项目位置所在地策略是降低风险影响的有效方式一致（Deng，Low et al.，2014）。项目位置选择能通过直接降低外部风险和增加企业应对风险能力来降低 FII 风险。该策略具体包含以下几种：（1）从投资一开始就避免现存的威胁；（2）提供跨国企业在与当地政府和当地合作伙伴打交道时可以利用的资源（Deng，Low et al.，2014）；（3）通过选择符合跨国公司相似风险应对经验的市场来减少跨国投资风险应对的成本（Meyer and Nguyen，2005）。

（二）与东道国政府保持良好关系

与东道国政府保持良好关系这一策略的重要性与工程管理领域的相关研究发现一致（Chang，Hwang et al.，2018），但与国际商业领域提出的与政府保持密切关系可能会带来更多的政治风险与不稳定的结果相反（Deng，Low et al.，2014）。

从宏观角度来看，东道国政府在创造有利的投资环境和提高国家市场竞争力方面发挥着较强的支持作用。此外，政府也在发展中国家 FII 中扮演着双重角色：一是作为采购基础设施项目的客户；二是作为政策的制定者。这对跨国企业项目交付的条款和条件有较大的影响，同时，这种政府角色的双重性也会加剧政治风险（Bertelli et al.，2020），尤其是在发展中国家（Jiang，Martek Hosseini and Chen，2019）。与政府建立良好的关系可以消除潜在的风险不确定性，甚至可以为跨国企业的运营创造更有利的条件，如更优的回报率。投资者也能通过多种方式从与政府建立的紧密联系中受益，主要包括：（1）减少项目被征收的可能性（Shimbar and Ebrahimi，2020）；（2）获得相关政策和制度发展的内部信息（Bertelli et al.，2020）；（3）获得与投资项目有关的政府担保（Chang，Hwang et al.，2018）；（4）走快速的行政审批通道；（5）减少对货币市场的操纵和干预（Brink，2004）；（6）提升公司结构和企业在东道国的市场发展战略等（Brink，2004）。

（三）购买风险保险

购买风险保险被认为是跨国企业在发展中国家降低基础设施投资面临风险尤其是政治风险的有效方式。该策略的重要性与在一般跨国投资风险应对的相关研究中得出的结论相一致（Brink，2004），然而，该策略在国际工程领域的政治风险应对中并未被识别为重要的应对方式（Deng，Low et al.，2014）。

保险可以通过增强跨国投资者内部风险应对能力来提升其韧性，国际投资中常见的风险保险类别为政治风险保险。其主要由多边机构（如世界银行的 MIGA）和各个母国政府提供的机构（如美国的 OPIC、中国的中信保等）提供（Brink，2004；GaoYan，2020）。尽管该策略原则上是较为有效的，但是大部分官方保险机构仅提供有限的保险覆盖范围，主要包含资产征收、东道国内乱、战争和货币不可兑换等。通常像腐败、东道国政府违约等常见的政治风险则由于较难评估，定价和索赔都难以准确计算而不被包含在保险范畴中。

（四）结合有实力的东道国与母国承包商

结合有实力的东道国与母国承包商被列为第四有效的应对策略，然而该策略在国际工程领域并不重要（Chang，Hwang et al.，2018）。

事实上，东道国与母国的结合能通过减弱项目的脆弱性来增加 FII 系统的风险应对能力。具体地，主要包含：（1）通过当地机构增加中国投资者在发展中国家的合法性（Meyer and Nguyen，2005）；（2）通过当地合作伙伴提供的资源解决项目行政审批等问题；（3）通过合作伙伴提供主要技术和商业资源以便更好地确保项目建设和运营中的材料供应、技术需求、安全、质量、工期和成本等（Araújo et al.，2018）；（4）与东道国企业和机构合作有利于中国投资者进入当地市场，使其在东道国未来的基础设施投资更具有持续性（Kudratova et al.，2018）。

（五）选择合适的市场进入模式

选择合适的市场进入模式的有效性被排在第五位，这在一般跨国投资和国际工程领域都被认为极为重要（Deng，Low et al.，2014；Kesternich and Schnitzer，2010）。不同的进入模式往往意味着跨国企业在东道国市场中有不同程度的项目参与度、市场份额和资源承诺（Deng，Low et al.，2014；Kesternich and Schnitzer，2010）。广泛来说，主要包含股权进入和非股权进入两类市场进入模式，这两类模式分别意味着较高和较低的风险暴露（Al-Kaabi et al.，2010；Brouthers and Hennart，2007；Chen and Messner，2009）。而在发展中国家，其社会环境的不确定性较高，因此投资者更倾向于选择非股权进入的模式，如许可证进入、特许经营、出口等。相反地，在较为稳定的环境，由于股权投资能带给投资者更大的自主权和控制权（Al-Kaabi et al.，2010），因此跨国企业倾向于采用股权进入模式，如合资企业、独资子公司等。

二　风险应对策略组合

风险应对策略组合的因子分析结果如表7-1所示。可以看到，克隆巴赫系数值超过0.8，Bartlett球形检验显著，KMO指数的值为0.748，高于要求的0.50。由此可见，所收集的关于应对策略的数据适用于因子分析。根据相关研究，因子分析的累计方差的阈值至少为60%，而该分析的累计方差为70.840%，满足要求。每个策略分组也都主要受其中一个因素的影响，且每个因素的负荷都超过0.5，同时策略的公因子方差值也都高于0.5。因此，34项FII风险应对策略被分为四组是较为合理有效的。依据风险管理和脆弱性理论，本书对这四组策略分别进行了讨论。

（一）策略分组1：有效性都较低的SRI与SET类应对策略

通过表7-1中的结果可以看出，有12项应对策略包含在该分组中，占总方差的21.653%。该组结果的解释方差均高于其他三组，但该组大部分策略的有效性平均值低于其他组的策略，购买风险保险除外。

该组应对策略涉及两种类型，即降低外部威胁（SET）和增强内部韧性（SRI）。这些策略主要通过降低外部环境威胁、增强跨国企业的风险应对能力和降低FII项目内部脆弱性这三个途径来降低发展中国家环境中风险带来的不利影响，包括融资、保险和生产资源等相关的策略。与融资相关的策略，如多元化项目债务货币和偿还计算方式、融资模式和汇率选择等，都能降低发展中国家环境中的金融、制度、税收政策等风险对项目融投资的影响（Schaufelberger and Wipadapisut，2003）。控制技术和材料供应，建立较好的公司声誉，可以提高跨国公司应对来自东道国政府和制度的因政局不稳定、政府征用、腐败、法律和制度变更等而产生的风险的能力（Brink，2004；Chang，Hwang et al.，2018）。此外，政治风险保险已经成为降低政治风险造成损失的有效方式（Giambona et al.，2017；Wang et al.，2000）。发展中国家跨国基础设施投资风险也可以通过获得那些对流入东道国投资有影响的当地商业合作伙伴和东道国政府的帮助而被削减（Chang，Hwang et al.，2018；Deng，Low et al.，2014）。

（二）策略分组2：有效性中等的SRI与SET类应对策略

该策略分组主要由8项风险应对策略组成，解释方差为17.686%。本组策略也涉及SRI与SET两类，但其整体策略的有效性均高于第一组策略，主要包含项目融资、项目合同、法律和与当地合作者的关系。

弹性的可融资策略能增强跨国投资者在融资阶段的风险应对能力，包括采用多渠道融资来源、一致的货币结算和获得紧急信贷机制等。这些策略有助于应对来自意外风险事件的货币变化、汇率上涨等带来的风险威胁，如东道国内部和外部冲突、法律变化或宗教和种族紧张局势等（Chang，Hwang et al.，2018；Schaufelberger and Wipadapisut，2003）。与东道国地方政府和有权力的社会团体保持良好关系可以有效地缓解东道国政府带来的风险，例如，官僚作风、低效行政、内部冲突、缺乏地方政府的支持以及排斥外国投资等（Chang，Hwang et al.，2018；Deng，Low et al.，2014）。然而，与地方政府保持密切关系的策略应更为审慎，因为该策略也会带来与腐败相关的风险，或者当执政党被对手推翻时发生的项目被征用或违约的风险。合理全面的合同条款安排有助于应对政府治理不善、政府干预和法律变更带来的风险（Schaufelberger and Wipadapisut，2003）。

（三）策略分组3：有效性较低的SRI类应对策略

该类应对策略分组的解释方差为16.706%，由7项风险应对策略组成。本组内的风险应对策略大多是通过减少项目脆弱性而实现增强项目韧性的方式来应对FII风险的。然而，这些SRI类策略的有效性比在第 2 组和第 4 组的 SRI 类应对策略更低，这也就意味着项目层面的应对策略对跨国投资风险的影响仅能提供有限的作用。

投资前进行全面的风险评估有助于选择合适的基础设施市场和项目，反过来说，这也能降低跨国投资者在东道国面对风险的可能性（Deng, Low et al., 2014）。此外，灵活的风险应对策略能够通过提前准备必要的风险管理资源来增强基础设施系统的韧性。与项目现场工作人员的安全、质量和待遇相关的策略可以通过降低当地员工不满或劳资纠纷等引发的风险威胁的可能性来实现缓和项目脆弱性的目的。通过向当地工人提供工作机会也可以缓解东道国社会对外国投资者的反对。恐怖主义威胁风险可以通过与当地安全服务部门签约和向员工提供安全培训来缓解（Brink, 2004; Giambona et al., 2017; Ling and Hoang, 2009）。

（四）策略分组 4：有效性较高的 SRI 和 SET 类应对策略

该策略分组包含 7 项策略，解释方差为 14.795%。该组策略主要关于投资前的内部行为和外部联系，是四组策略中最有效的一组。

与内部行为相关的策略主要包含在项目投资前选择合适的市场、项目和市场进入模式，这是避免投资前期重大风险的最有效方式，比如，东道国内部战乱、宗教和种族紧张、恐怖主义和东道国政局不稳定等（Chang, Hwang et al., 2018; Giambona et al., 2017; Ling and Hoang, 2009）。此外，与外部团体建立联系能有效降低环境的威胁，方法包括整合来自母国和东道国的承包商，与当地合作伙伴组建合资企业，并获得当地政府的担保（Brink, 2004; Giambona et al., 2017; Lee and Schaufelberger, 2014）。这些策略能够有效且广泛地应对跨国投资风险，如被征用、地方政府治理不善、行政效率低下、地方社区的反对、外国投资的不利法律环境、内部冲突、法律变更以及有缺陷的司法仲裁制度等（Haendel and Jordan, 2019; Luo and Wang, 2012; Shimbar and Ebrahimi, 2020）。

三　应对策略选择矩阵

尽管这些应对策略的有效性已经被评估，但是由于各公司在风险暴露和投资成本方面的不对称性，这些策略在跨国公司中的实际效果将有所差异（Al Khattab et al., 2007; Iankova and Katz, 2003）。风险暴露程度取决于东道国构成的外部风险威胁的程度以及特定基础设施系统固有的内部韧性。因此，考虑到风险暴露程度和应对策略有效性，本章制订了跨国公司的应对策略选择矩阵，如图 7-1 所示。

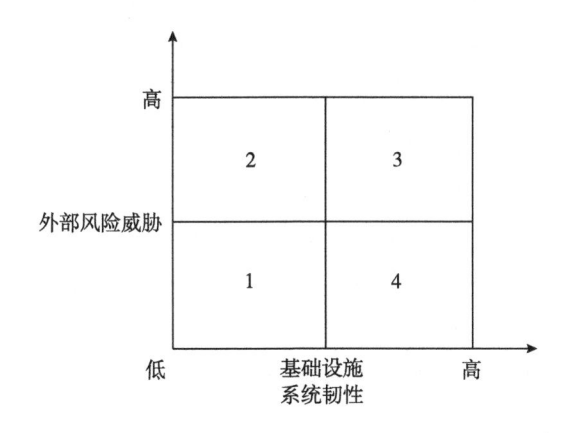

图 7-1 应对策略选择矩阵

（一）区域 1：双低区域

在区域 1，基础设施系统具有较低的内部韧性，同时东道国的外部风险威胁也较低。这表明，在该区域的跨国公司应对海外基础设施投资风险的能力较弱，但同时相对应的是该区域的跨国企业所处的东道国环境威胁也较低，是可接受的。在该种情况下，可以通过增强基础设施系统的韧性来提高项目安全性，这也是应该采取的策略类型。由此可见，位于该区域的跨国企业应考虑低有效性的 SRI 类策略，也就是优先选择第 1 组和第 3 组中的策略。

（二）区域 2：最危险区域

位于区域 2 的跨国公司最容易受到跨国投资风险的不利影响。这些企业往往面临着较高的东道国风险，但与之对应的却是较低的风险应对能力。因此，应考虑增强内部韧性和减少东道国环境威胁两类策略。无论这些策略有效性是高是低，都将对跨国基础设施投资中的风险应对作出积极的贡献，因此，跨国公司应充分考虑本书识别出的 34

项应对策略。

（三）区域3：双高区域

跨国企业位于区域3时，往往面临来自东道国较高的外部风险威胁和内部较高的基础设施系统韧性。在该情况下，流入公司的回报会逐渐减少。因此，应注重降低东道国环境带来的外部风险。基于此，跨国企业能采取的最佳风险应对策略主要是从策略组1、2和4中提取的降低外部环境威胁类的策略。

（四）区域4：最安全的区域

位于区域4时，跨国企业是最安全的。在该情况下，跨国企业往往具有较高的基础设施系统韧性和风险应对能力，同时面临着较低的来自东道国环境的风险。在该情况下，开展跨国基础设施投资业务的企业已经足够安全，但如果寻求进一步的安全策略，那么可以采用那些用于提升内部韧性的策略，而这些策略可从第1组和第3组的策略中提取。

第四节　本章小结

本章通过因子分析法，将34项策略分为4组。同时，结合东道国环境威胁和基础设施系统脆弱性程度，形成了策略选择矩阵，为跨国企业选择风险应对策略提供了路径。

第八章　研究结论与研究展望

基础设施对于一个国家的经济发展尤为重要，尤其对于经济较为落后的发展中国家，这些国家的本国财政无法支撑对这些基础设施的需求。因此，跨国投资成为这些国家发展基础设施行业的重要来源，同时，这些国家的基础设施建设相对滞后，资金和技术存在重大缺口。对于中国企业而言，发展中国家在资金和技术上的缺口，恰恰对应了国内金融机构相对充裕的资金供给，以及中国基建制造商的技术优势。此外，传统的施工总承包模式的利润空间不断压缩，需要创新融资模式，建立长期、稳定、可持续的融资保障体系。基于此背景，中国企业开始采用投资模式介入项目全生命周期，向产业链上游转型，通过早期介入，与政府建立互助互信的关系，降低项目风险，提高公共物品的供应效率，实现项目的价值最大化。但是，一方面，基础设施本身具有投资周期长、资产较难转移、一般公共项目的公共性或准公共性特点；另一方面，发展中国家的风险往往相较一般发达国家更高，存在制度不健全、金融环境不稳定、文化差异较大、当地武装等风险因素。

尽管中国企业在发展中国家投资基础设施面临着较大的风险，但是目前走出国门的大部分企业，应对 FII 的风险管理手段较为单一，一般采用购买风险保险的方式，缺乏完整的风险管理体系，尤其缺少针对性的风险识别和应对。而相关研究主要集中在一般跨国投资和国际工程领域，对于 FII 的研究不足，尤其是基于发展中国家和中国投资者的视角。同时，既有相关研究对 FII 的识别主要基于东道国环境，而对基础设施系统内部特点的关注较为有限，从而使相应策略的有效性较为有限。针对这些不足，本书就中国企业参与发展中国家基础设施投资中的风险识别和应对策略进行探究，结合脆弱性理论，搭建了东道国风险对 FII 的作用机制，在此作用机制下，识别出相应的发展中国家风险因素与基础设施系统脆弱性内部因素，并通过 PLS 结构方程模型验证该作用机制。在此基础上，本书进一步识别出相应的 FII 风险应对策略，使用问卷调查法验证这些策略的有效性，并建立应对策略选择矩阵。研究结果表明，基础设施系统脆弱性因素中的跨国企业风险应对能力对于发展中国家风险的影响具有显著作用；基于此，识别出的应对策略也被分为四组，即有效性都较低的 SRI 与 SET 类应对策略、有效性中等的 SRI 与 SET 类应对策略、有效性较低的 SRI 类应对策略、有效性较高的 SRI 和 SET 类应对策略。而在关于应对策略的有效性分析中，也发现与跨国企业应对能力或资源相关的策略的有效性更高。

  本书在一定程度上对风险管理相关研究起到了一定的补充，尤其基于脆弱性理论的风险作用机制的建立为以后该领域的风险有效管理做了一定的理论铺垫。同时，本书结论也有助于中国跨国企业在发展中国家基础设施投资中结合自身和项目特点选择合适的应对策略，降低东道国风险对中国企业参与海外基础设施投资所带来的损失，从而助力中国企业"走出去"。

  此外，本书也存在一定不足之处。首先，由于中国跨国企业参与 FII 的经验较为有限，具有该领域经验的专家数量较为有限，大部分为具有国际工程经验的专家，这在一定程度上影响了通过问卷和访谈获取的数据的有效性。其次，关于应对策略有效性的研究，尚未就应对策略选择矩阵结合相关案例进行分析，这也是未来该领域研究需着重探究的方向。

附　录

附录 A　相关案例资料[①]

附录 A1　孟加拉国帕亚拉燃煤电站项目

一　项目概况

孟加拉国帕亚拉燃煤电站项目位于孟加拉国南部城市巴里萨尔，属博杜阿卡利地区。项目预计总投资约 24.8 亿美元，采用先进高效的超临界技术。由中国机械进出口（集团）有限公司（属中国通用技术集团控股有限责任公司）作为社会资本方，运作方式为 BOO，付费机制为政府付费。该项目于 2016 年 9 月签订实施协议（PPP 项目合同），正式落地。2016 年 10 月 14 日，习近平同志在访问孟加拉国期间与孟加拉国哈西娜总理共同见证签约项目融资协议，并登中孟联合公报。该项目概况和交易结构分别见表 A1-1 和图 A1-1。

表 A1-1　　　　　　　　　项目基本信息

类别	具体情况
项目名称	孟加拉国帕亚拉 2×660 兆瓦燃煤电站项目
项目意义	中孟首个 PPP、孟最大电站、通用集团首个 EPC 转 PPP 项目
项目类型	新建项目

[①]　所有项目案例数据来源于财政部政府和社会资本合作中心。

续表

类别	具体情况
所属行业	电力—电站建设
合作内容	拟建电站位于孟加拉国南部城市巴里萨尔，博杜阿卡利 PAYRA 港附近，建设期 48 个月，建成后年均发电量约 8177GWh。项目采用超超临界技术，在中国已经成熟，设备稳定可靠、故障率低、能耗低，同时在环保排放等方面均达到业内高标准，经济效益好
合作期限	25 年
运作方式	建设—拥有—运营（Built-Own-Operate，BOO）
付费机制	政府付费—基于购电协议（PPA）的两部制电价付费机制
实施机构	孟加拉国能源局下属孟加拉国电力发展署（BPDB）
社会资本	中国机械进出口（集团）有限公司（属中国通用技术集团控股有限责任公司）
签约日期	2016 年 9 月 8 日
项目公司	公司名称：孟中电力有限公司 设立时间：2014 年年底 股权结构：中国机械进出口（集团）有限公司（中方央企）持股 50%；孟加拉国西北电力有限公司（NWPGCL，孟加拉国政府指定出资代表）持股 50%

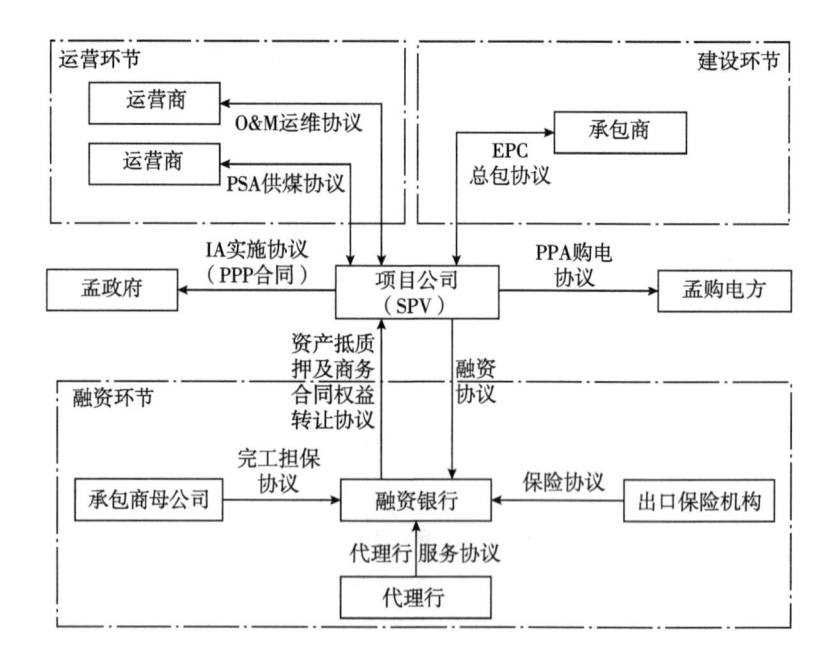

图 A1-1　项目交易结构

二 项目实施要点

(一) 项目背景

1. 中孟外交关系影响

孟加拉国重视多边外交,积极参与国际事务,倡导并推行不结盟运动,主张跨种族、跨民族的国际一体化发展,倡导区域经济的协同发展,努力发挥其在孟加拉湾区域的地缘政治作用。孟加拉国着眼于国际关系和谐发展,积极拓展海外关系与国际合作,努力营造良好的外部发展环境。1975 年中国与孟加拉国正式建立外交关系。中孟两国自 1975 年建交以来,双边经贸关系发展迅速。2006 年中国超过印度成为孟加拉国最大的进口对象国,2013 年中国对孟加拉国非金融类投资同比增长近 3 倍,双边年贸易额和在孟工程承包合同累计金额均突破百亿美元。长期以来,中国与孟加拉国始终保持着良好的合作关系,并以战略合作伙伴的关系积极推动两国的经济、文化、科技、贸易交流。

2. 中方的战略支持

电力是中国对企业"走出去"的重点支持领域。2015 年 5 月,国务院发布《国务院关于推进国际产能和装备制造合作的指导意见》(国发〔2015〕30 号),提出大力开发和实施境外电力项目,提升国际市场竞争力。加大电力"走出去"力度,积极开拓有关家火电和水电市场,鼓励以多种方式参与重大电力项目合作,扩大国产火电、水电装备和技术出口规模。该文件又提出在继续发挥传统工程承包优势的同时,充分发挥资金、技术优势,积极开展"工程承包+融资""工程承包+融资+运营"等合作,有条件的项目鼓励采用 BOT、PPP 等方式,大力开拓国际市场,开展装备制造合作。

3. 孟加拉国政府大力推进电力行业的发展

国际金融危机之后,孟加拉国经济一直在较为稳定地增长,增长率基本保持在 6% 左右。按照 BPDB 计划退役机组及租赁机组到期计划安排,计入现有、在建、规划的电源项目以及国外的购入电力后,预计到 2018 年依旧存在约 1510 兆瓦的电力缺额,到 2020 年缺额增至 4500 兆瓦。截至 2015 年 1 月,孟加拉国全国装机容量 10264 兆瓦，实际最大发电值6675兆瓦，而高峰用电需求达到8349兆瓦，发电量仅能满足全国62%的用电需求。燃气、燃油机组在能源结构中占比较高，燃煤机组较少。燃气、燃油机组中小老旧机组较多，能源利用效率低。孟加拉国作为"一带一路"倡议的重要参与国，具有巨大的发展潜力。世界经济论坛《2014—2015年全球竞争力报告》显示，孟加拉国在全球最具竞争力的144个国家和地区中排第109位。孟加拉国巨大的经济发展潜力与电力发展不足之间的矛盾日益凸显，迫切需要寻求具备电力项目建设、投资与运营能力的专业企业来解决这一问题。

孟加拉国长期存在电力紧缺的情况，这已经严重制约其工业发展和经济增长，甚至成为社会不稳定的因素。为保持年均经济发展速度不低于6%和2021年全国民众都能获得电力供应的两大目标，孟加拉国政府高买低卖的购电操作成为常态，这导致电力部门承担着巨额亏损。政府努力增加电力供应并扩大电力输送网络，因此制定和颁布了一系列行业发展规划和鼓励政策。孟加拉国帕亚拉燃煤电站投运后，运行按6500小时计，年发电量为8177亿瓦时，可以缓解孟加拉国电力短缺的情况。

（二）项目启动

为进一步改善电源结构，提高电力系统利用效率，孟加拉国政府决定在2013—2018年规划6265兆瓦的PPP燃煤电站项目。帕亚拉燃煤电站项目是上述规划中首批正式启动的项目，拟建设两台660兆瓦机组超临界燃煤电站。

（三）项目公司

2014年6月9日，在中孟两国总理的见证下，中国机械进出口（集团）有限公司（中方央企）与孟加拉国西北电力有限公司（孟加拉国政府出资代表）签订《关于以PPP形式联合开发孟加拉Putua-khali2台66万超临界燃煤机组项目［U1］并成立合资公司的框架协议》。2014年年底，双方各出资50%成立项目公司——孟中电力有限公司。与仅作为本项目承包商的传统EPC模式不同，该项目公司拥有项目产权，负责本项目"融资—建设—运营—维护"运作，体现了

PPP 全生命周期管理的核心本质。

（四）项目合同

孟加拉国政府、中方企业、合资公司、中方融资银行、总承包商等主要相关方之间签署的合同是中孟双方跨境 PPP 合作的载体，形成了一整套完整的合同体系。其中，中孟双方对中国已拥有成熟的超超临界技术早有共识，因此对基于工程技术的 EPC 合同并无异议。该项目的重点为实施协议（PPP 项目合同）、购电协议及贷款协议。

1. 实施协议

实施协议由项目公司与孟加拉国政府签署，主要约定双方权责利、项目全生命周期的风险分配、融资要求及特别事项（含豁免）等，是中方企业与孟加拉国政府合作的基础。实施协议中约定合同自融资关闭日起生效，合同期限为 25 年。

2. 购电协议

购电协议（Power Purchase Agreement，PPA）由项目公司与孟加拉国电力发展署签署，主要约定电价计算方式、支付触发条件、奖励策略、违约处理等。购电协议在签订后立即生效，合同期限 25 年。电价是购电协议的核心内容，决定着项目现金流和项目公司利润。项目购电协议约定对本项目采用国际化两部制电价。两部制电价将电站建设和发电成本通过价格穿越效应（Pass-Through）传递至孟购电方，使项目公司实现既不过高也不过低的、安全的内部收益率。此外，煤电价格联动机制还能有效帮助项目公司规避煤价波动风险。

3. 贷款协议

贷款协议（Facility Agreement，FA）由项目公司与中国进出口银行签署，由后者提供本项目 80% 的资金。贷款协议主要约定金额、利率、期限、担保结构、放款条件等。协议签订后立即生效，随本金、利息全部还清而终止。贷款协议的签署以付费机制的确定为前提条件。项目融资（Project Finance）决定了本项目的第一还款来源是项目自身现金流，现金流取决于电价收入。因此，银行十分关注本项目的付费机制。项目公司作为贷款协议中的合同相对方，承担贷款协议中约定的贷款利息偿还责任。项目贷款的本金和利息直接体现在容量电价中，实际贷款利息是由孟购电方承担。利率定价在中方银行收益、孟购电方用电成本中平衡。

三 风险分析

（一）社会风险

通过初步的调研以及风险因素分析可知，本项目在政策规划、审批程序、技术经济、安全卫生、媒体舆情等方面不存在社会稳定风险因素。由于本工程项目得到了当地政府的支持，由孟加拉国当地政府提供用地，因此工程征地拆迁及补偿的风险转移给孟加拉国政府。本项目的主要风险因素见表 A1-2。

表 A1-2　　　　　　　　　主要风险因素

风险类型	发生阶段	风险因素	影响程度
政策规划和审批程序遭到质疑	准备阶段	立项中公众参与	短期影响
	准备阶段	征地农民就业及生活	长期影响
征地拆迁补偿	准备阶段	用地范围内企业拆迁补偿	短期影响
	准备阶段	搬迁、拆除过程	短期影响
	运营阶段	大气污染排放物	间断影响
	运营阶段	噪声和震动影响	间断影响
经济技术	运营阶段	固体废弃物	间断影响
	实施阶段	水土流失	短期影响
	运营阶段	就业影响	长期影响
社会影响	实施阶段	流动人口管理	短期影响
	实施阶段	对周边交通的影响	短期影响

（二）稳定性风险

孟加拉国政府非常鼓励外资进入电力市场，投资环境并不严苛，但孟加拉国在基础设施、政局、罢工、办事效率等方面存在很大的问题，且工业发展、资源供给、融资等有其独特性，故外国投资很容易出现"水土不服"的情况。孟加拉国工人罢工现象时有发生，在制定电价机制时应充分考虑该风险可能带来的影响，以有效规避。孟加拉国两大主要政党之间的争夺较为激烈，所以，大型项目有可能受到国内政治的冲击。总体来说，该国治安状况比较良好，但是临近大选时有可能出现的政治斗争现象还是会在一定程度上影响项目，特别是在发生罢工、游行等社会活动时，要注意防范此类风险。

(三) 技术风险

本项目采用超临界技术。这是当时火力发电机组更新换代的必然选择，这种技术不仅能够有效提升发电机组的发电效能，还能减少煤炭用量，在缓解资源紧张问题如减少温室气体排放、缓解煤炭资源紧张等方面发挥了很大的作用。本工程项目采用超临界机组符合具有较强的适应性的要求。实践证明，660兆瓦机组在孟加拉国已经有了比较广泛的使用，是比较成熟的机型，而孟加拉国计划进行的其他燃煤项目也采用相同的技术，外加已经积累了很丰富的运营经验，因此技术风险较小。

(四) 自然灾害风险

本工程项目厂址位于孟加拉国南部，台风、地震、洪水和浪潮等自然灾害发生强度较高，工程设计中可以采取以下策略降低风险：(1) 本厂址所处区域标准确定为7级安全水平，地质构造较为稳定，无滑坡崩塌、泥石流、塌陷等不良地质作用，适合燃煤电厂工程的建设。但本厂区抗震施工区域整体抗震性能较差，场地土类型属于中软土，建筑场地类别为Ⅲ类，抗震设计特征周期为0.45秒，只要在本工程建设过程中，按规程规范要求采取相应的抗震策略，就能避免因地震带来的工程风险。(2) 厂址处离地10米50年一遇10分钟平均最大风速56.0米/秒，50年一遇基本风压1.82千牛/立方米，对工程影响较大，只要本工程建设按规程规范要求采取相应抗风灾策略，就能避免因风灾带来的工程风险。

(五) 运营风险分析

业主应对主要设备厂家进行调查研究，合理选择承包商，控制设备采购的范围，从而减少设备风险；选择合适的咨询机构和监理对设计、施工进行管理，从而减少由此引起的风险。

(六) 经济风险分析

本项目属于中孟合资项目，在工程建设及运营期间都存在大量的外汇流通，因此存在汇率风险。工程采取规避汇率风险的方法策略，在签署涉及外汇交易的合同时，要减少外汇使用的风险：第一，在签订合同时，约定互相能接受的风险比例；第二，采用金融工具；第三，汇率锁定或者商定采用人民币结算；第四，在与孟加拉国政府签订购电合同时，针对不同阶段合理选择外汇的种类和比重等。

在金融汇率方面，孟加拉国银行较多，可供选择的银行也较多，孟加拉国货币塔卡汇率波动较大，需要及时跟踪实时汇率，采用套期保值等方式规避汇率风险。为规避投资风险，可利用保险、担保、银行等保险金融机构和其他专业风险管理机构的相关业务保障项目利益。

四 项目评价

帕亚拉燃煤电站项目是中孟两国在电力领域合作的典范。中国通用技术（集团）控股有限责任公司结合自身发展战略，从贸易、工程承包、建设施工方向综合运营商转变，成为社会资本方，成功开拓了以本项目为代表的、与孟加拉国政府合作的跨境PPP模式。

（一）共商、共建、共享

西北电力有限公司是孟加拉国国有大型发电公司，与中国通用技术集团控股有限责任公司拥有长期业务合作关系。双方秉承"共商、共建、共享"的合作原则，充分凸显了政治、社会资源和决策效率等方面的合作优势。西北电力代表孟加拉国政府对项目公司持股，与中国机械进出口（集团）有限公司（属中国通用技术集团控股有限责任公司）在购电协议、实施协议等关键合同阶段进行谈判。双方在财务条件、法律条款、税收政策等方面的谈判均获得了较为理想的结果，为项目顺利实施铺平了道路。

（二）市场化原则

本项目由孟加拉国政府主导，按照市场化竞争原则，由中方企业联合体负责项目的设计、建设、运营、维护等，在社会资本方选择、资金提供方的选择、合同谈判、权责分配、风险分配等方面均采用国际惯例原则处理。

(三) 中国资金+装备+建造+管理组合优势

该项目由中国机械进出口（集团）有限公司统筹实施和引入装备，中国进出口银行提供项目资金，中国能源建设集团东北电力第一工程有限公司负责项目建造施工，中国机械进出口（集团）有限公司与孟加拉国西北电力有限公司组成的项目公司负责项目管理等。通过项目全生命周期供应链管理，有效整合了中国企业各方优势，系统地优化了项目管理，降低了项目成本，提高了公共服务供给质量和效率。

附录 A2 柬埔寨甘再水电站项目

一 项目概况

甘再水电站项目位于柬埔寨西南部大象山区的甘再河干流之上，在柬埔寨首都金边西南方向 150 千米的贡布省省会贡布市外 15 千米处，项目所在地交通状况良好。大坝为碾压混凝土重力坝，水电站总装机容量为 19.32 万千瓦，年平均发电量为 4.98 亿度。柬埔寨甘再水电站项目是中国水电建设集团公司第一个以 BOT 模式开发的境外水电投资项目。甘再水电站的主要功能是发电，同时具备城市供水及灌溉等辅助功能。本项目建设期为 4 年，运营期为 40 年，总投资额为 2.805 亿美元。2004 年 7 月，柬埔寨工业部对甘再水电工程进行 BOT 国际招标，中国水电国际顺利夺得第一标。2005 年 7 月，中柬两国政府首脑出席项目备忘录签署仪式；2006 年 4 月 8 日，中国总理和柬埔寨首相共同出席开工仪式；2007 年 9 月 18 日正式开工；2011 年 12 月 7 日，甘再水电站 8 台机组全部投产发电；2012 年 8 月 1 日起正式启用商业发电计量，为柬埔寨经济社会发展提供了强有力的能源保障。本项目基本信息见表 A2-1。

表 A2-1　　　　　　　　　　　项目基本信息

类别	具体情况
项目名称	柬埔寨甘再水电站 PPP 项目
项目意义	通过国际招标模式开发的柬埔寨最大的水电站 BOT 项目；获得柬埔寨政府颁发的最优秀工程奖；2013 年 12 月获得中国建设工程的最高奖——鲁班奖；被柬埔寨洪森首相誉为柬埔寨的"三峡工程"
项目类型	新建项目
所属行业	电力—水电
主要内容	主要工程内容包括大坝、进水口、引水隧道、230 千伏开关站、10 千米 230 千伏双回路输变电线路，以及配套的配电站及导流工程、尾水调节堰、其他临时工程的施工以及机电安装工程。其中，水电站大坝为碾压混凝土重力坝，大坝长 593 米，高 114 米，坝顶高程 159 米，混凝土方量为 155 万立方米；主厂房（PH1）6 万千瓦立式混流式水轮机组 3 台；第二厂房（PH2）2500 千瓦灯泡式机组 4 台；第三厂房（PH3）3200 千瓦卧式混流水轮机组 1 台
合作期限	建设期为 4 年，运营期为 40 年
总投资额	2805 亿美元
运作方式	BOT
实施主体	柬埔寨工业矿产能源部
社会资本	中国水电国际（现为中国电力建设集团子公司）
项目公司	中国水电甘再水电项目公司，是由中国水电国际于 2006 年 4 月 30 日在柬境内注册成立的针对该 BOT 项目的全资项目公司，注册资本金为 100 万美元
融资安排	中国进出口银行，固定资产投资的 72%（2.02 亿美金）是从中国进出口银行以贷款的形式获得的，贷款期限为 15 年（含 4 年宽限期）
使用者	柬埔寨国家电力公司，与中国水电国际签订了长达 40 年的照付不议的购电协议，承担购电和支付义务

二　项目实施要点

（一）项目背景

柬埔寨国土面积 18.1 万平方千米，人口 1380 万，在经过连年战乱之后，目前处于相对稳定发展的时期，但从电力供应来看，柬电力供应无法满足本国基本电力需求。截至 2014 年年底，柬全国人均年使用电量为 286 度，仅 42.7%的住户有电可用。除首都金边外，电力供应主要限于大城市和主要省城，农村无电力供应、依靠燃油灯或电瓶照明度日的状况仍较普遍，仅有 8489 个村庄（占全国村庄比例的60.3%）、约 42.7%的居民有电可用。

甘再水电站的建成，满足了柬埔寨贡布省和茶胶省全部电力需求，以及首都金边白天40%、夜间100%的电力供应，极大地缓解了柬埔寨国内电力紧张局面，为当地经济发展提供巨大支撑。本工程还有效调节了流域内季节性旱涝问题，提高了下游防洪能力，保证了下游农田的水利灌溉，减少了水土流失，保护了生态平衡，改善了当地鱼类及野生动物的栖息环境。

（二）项目开发过程

1. 融资方案

甘再水电站项目固定资产投资的72%（2.02亿美金）是从中国进出口银行以贷款的形式获得的，贷款期限为15年（含4年宽限期）。其担保及支持性安排为：营运期提供项目资产抵押；设立项目托管账户，托管账户质押；在电力购买协议上设置质押；在特许经营协议上设置质押；柬埔寨政府提供还款保证；借款人股权质押；投保境外投资险以及其他担保及支持性安排。同时，为了增强担保的力度，中国进出口银行要求由中国水电国际的母公司中国水电出具风险承诺函，承诺在中国水电国际支持不足时，由中国水电提供担保支持。

2. 项目运作方式

项目采用建造—运营—移交（BOT）的运作方式，中国水电国际是该项目的EPC总承包商，与甘再项目公司签订了工程总承包合同。具体的工程实施安排如下：项目可行性研究编制及项目的设计任务由中国水电工程顾问集团公司西北勘测设计院（以下简称西北院）负责；项目的采购由中国水电国际负责；工程的施工建设具体由中国水电的子公司中国水利水电第八工程局有限公司负责。合同运营方为中国电建海外投资有限公司，实际运营方为中国电建第十工程局。

3. 风险分析

（1）资源供应风险

对于资源供应风险，中国水电未能提前合理识别。该工程项目所面临的供应风险来自两个方面：一是柬埔寨工业欠缺且建筑材料供应较少导致部分设备的工业准备周期长；二是海关方面的物资扣留。

2009年3月，项目所需的部分中国出口的原材料被海关扣押约30天从而影响工期。为应对该风险，项目部安排专人与柬埔寨海关良好沟通及时解决货物供应问题，并且甘再项目的施工单位为避免设备无法按时进场，选择提前完成大型设备的采购、尽量就地取材、购买当地的产品以及做好雨季前施工准备等方式进行应对。

（2）合同风险

该项目在前期策划和筹备时，中国水电建设集团国际工程有限公司与中国水电八局主要采用《工程施工合同》及 FIDIC 部分做法拟定了合同的通用文本及专用条款。但在这一期间，国际金融危机和油价上升导致通货膨胀高达 13.5%，为此双方进行合同谈判，将工程量变化较大的土建部分转变为单价合同，工程量变化较小的部分则维持原约定总价不变。最终，双方就多方面达成共识，最终签订了《甘再 BOT 项目土建与安装工程施工合同》。

（3）汇率风险

甘再项目向中国进出口银行贷款，中国水电海外投资公司进行投资的币种为人民币，回收的售电款为五分之四的美元加五分之一的当地币。因此，为减少该项目的汇率风险，当地支付款尽量采用当地币，如支付税款等；每月底，多余的当地币兑换为美元；待支付营运成本费用，在还本金、利息后，多余的美元，尽早汇至国内海投公司。

（4）法律和担保风险

2005年柬埔寨战乱刚结束，GDP 较低，因此，中信保将柬埔寨评级划为风险较大的国家。就甘再项目而言，具有支付项目电费责任的柬埔寨国家电力公司支付能力弱。因此，甘再项目的项目管理人员与柬埔寨政府进行了大量的协议前期工作，最终政府同意并出具主权担保，若柬国家电力公司难以支付，则由政府接替完成款项支付。

（5）项目技术风险

甘再项目的投标时间短，由于战乱影响以及资料不全，设计和施工专家的现场勘察与资料收集主要依赖于柬方提供的预可研报告和初步现场考察以形成投标阶段技术方案并匡算工程投资。但实际调研发现甘再项目混凝土需求量大，可柬埔寨本国不具备混凝土生产能力，并缺乏骨料。这导致最终混凝土采用泰国进口，骨料就地采用。随着项目实施发现项目所在地地质条件有较大差异，原骨料储备量不足工程所需的 25%，而因柬埔寨是土地私有制国家，新的料场需要新增土地购买和开挖费，且运距较长，运费成本高。实际工程量的大幅度增加严重影响了项目的总投资，为了保证总投资基本可控，甘再项目不得不花时间和经费聘请专家和知名试验室进行大量的设计、施工优化试验，希望利用新技术来控制工程量的增幅，降低工程静态投资。

三 项目点评

（一）中柬政府大力支持，保障项目成功实施

一方面，在项目整个开发、实施过程中，中国有关政府部门、中国驻柬大使馆及经参处在帮助处理中资企业、项目公司和当地政府关系方面，中国进出口银行、国开行、中信保在项目融资和担保方面都给予了大力的支持；另一方面，柬埔寨政府予以该项目高度的重视和大力的支持。为了促进中方企业落实该项目的融资，不但提供了担保，而且通过颁布王令，以立法的形式予以确认；为激励中方企业的积极性，柬埔寨政府予以该项目诸多方面的优惠政策，如利润免税期、进口税免征等。

（二）社会资本和金融机构密切配合，融资顺利实施

中国水电甘再项目公司提供了多达 14 个抵押担保合同，且设置了物权担保、项目权益转让、股东支持等多层次的担保策略。这既充分保证了承包商的权益，又在很大程度上消除了银行疑虑，坚定了银行贷款信心。同时，企业和银行间通畅的项目信息交流、银行充分履行其监督责任是境外融资项目顺利实施的保障。

（三）运作方式选择得当，助力项目成功实施

采用国际竞争性招标，维护和促进了柬埔寨政府的诚信和廉政建设；作为当时柬埔寨最大的外商投资项目，甘再水电站 BOT 项目的成功极大地提升了柬埔寨的国家形象，为其吸引外资起到了示范作用，增强了外国投资者的信心。通过采用 BOT 模式极大缓解了柬埔寨政府的财政支出压力，降低了政府赤字，且充分调动了项目发起人的主动性和创造性,在确保项目质量的前提下,提高了项目的建设速度,并能够保证项目运营期的效率和服务质量。

(四) 打铁还需自身硬,项目具有良好的社会效益

甘再水电站 BOT 项目解决了柬国内市场电力严重不足的现实问题;项目对柬本地采购量的增大,逐步拉动和培育了当地的市场,使金边的建材与设备物资市场逐渐繁荣起来;项目还增加了当地政府的财政收入,促进了当地就业。

附录 A3 牙买加 H2K 高速公路南北线项目

一 项目概况

牙买加 H2K 高速公路南北线项目,是牙买加历史上规模最大的交通运输类项目。该项目南起西班牙城,北至旅游城市奥乔里奥斯,全长为 66.163 千米,总投资为 7.34 亿美元。项目初期由法国 Bouygue 公司负责建设,后因地质勘探不充分产生工程超概算等问题而停工。中国交通建设股份有限公司下属中国港湾工程有限责任公司(以下简称中国港湾)、中交国际(香港)控股有限公司(以下简称中交国际)、中交第一航务工程局有限公司(以下简称中交一航局)、中交第二公路工程局有限公司(以下简称中交二公局)、中交第二公路勘察设计研究院有限公司(以下简称中交二院)共同出资在巴巴多斯注册成立加勒比基础设施投资公司,该公司全资控股设立牙买加南北高速公路公司作为项目公司。后者与牙买加高速公路运营建设公司签订协议正式获准取代法国 Bouygue 公司以 BOT 方式承建运营牙买加南北高速公路。2012 年 12 月 21 日,牙买加南北高速公路公司与中国港湾签订了 EPC 总承包协议。该项目于 2013 年 1 月 28 日开工,2013 年 8 月完成融资,2014 年 8 月 6 日中段完工开始试运营,2016 年 2 月南北两段建成,3 月通车,预计 2066 年移交。项目基本信息如表 A3-1 所示。

表 A3-1　　　　　　　　　　项目基本信息

类别	具体情况
项目名称	牙买加 H2K 高速公路南北线项目
项目意义	牙买加历史上最大的交通运输类项目；最大的中牙经济合作项目；中交建在牙买加投资的首个基础设施项目；中资企业在海外首个高速公路 PPP 项目
项目类别	交通运输—高速公路建设
建设内容	连接西班牙城和牙买加旅游中心奥乔里奥斯的高速公路南北线，全长 66.163 千米，双向四车道，设计时速 80 千米
总投资额	7.34 亿美元
运作方式	BOT
合作期限	建设期 3 年，运营期 50 年
项目公司	牙买加南北高速公路公司，成立于 2011 年 9 月 13 日，注册资本 50 万美元，为项目借款方和运营方。该公司由中国港湾、中交国际、中交一航局、中交二公局和中交二院共同出资在牙买加巴巴多斯注册成立
融资安排	国家开发银行与项目公司签署长期贷款协议，本贷比 1∶3

二　项目实施要点

（一）项目背景

牙买加西北海岸是世界著名的旅游区，经济快速发展，与首都金斯敦之间南北通道的交通压力不断增加，现有公路不能满足通行需求，制约了经济发展。牙买加政府于 1999 年启动了"Highway2000 项目"（以下简称 H2K 项目）规划，将其作为政府致力于提升国家基础设施和振兴经济的一项长期计划，旨在通过建造安全、高效连接全国主要城市的公路轴线，满足国内快速增长的交通需求，为金斯敦与牙买加人口集中的主要城市提供安全快速通道，促进沿线土地和旅游资源开发。作为牙政府规划重点建设的南北交通干线，牙买加 H2K 高速公路南北线的建成打通了连接牙南北海岸的"大动脉"，将行车时间从原来的两个小时缩短至 45 分钟，为人员流动和物资运输提供了便利，有助于岛内资源重新配置与开发利用，促进经济协调发展。

（二）项目开发过程

1. 融资方案

牙买加 H2K 高速公路南北线项目的银行贷款全部由中国国家开

发银行提供。2013年8月27日，项目公司与中国国家开发银行签署贷款协议，根据长期贷款协议，南北高速配套资本金与贷款的比例为1∶3，项目资本金约1.5亿美元，贷款额度为4.255亿美元和2亿元人民币，贷款期限为20年，其中宽限期为3年（含建设期），还款期为2017—2033年，合同约定贷款利率为6个月Libor+460BP。

2. 项目交易结构

项目采用BOT运作方式，项目参与者以及各自之间的合同关系见图A3-1。

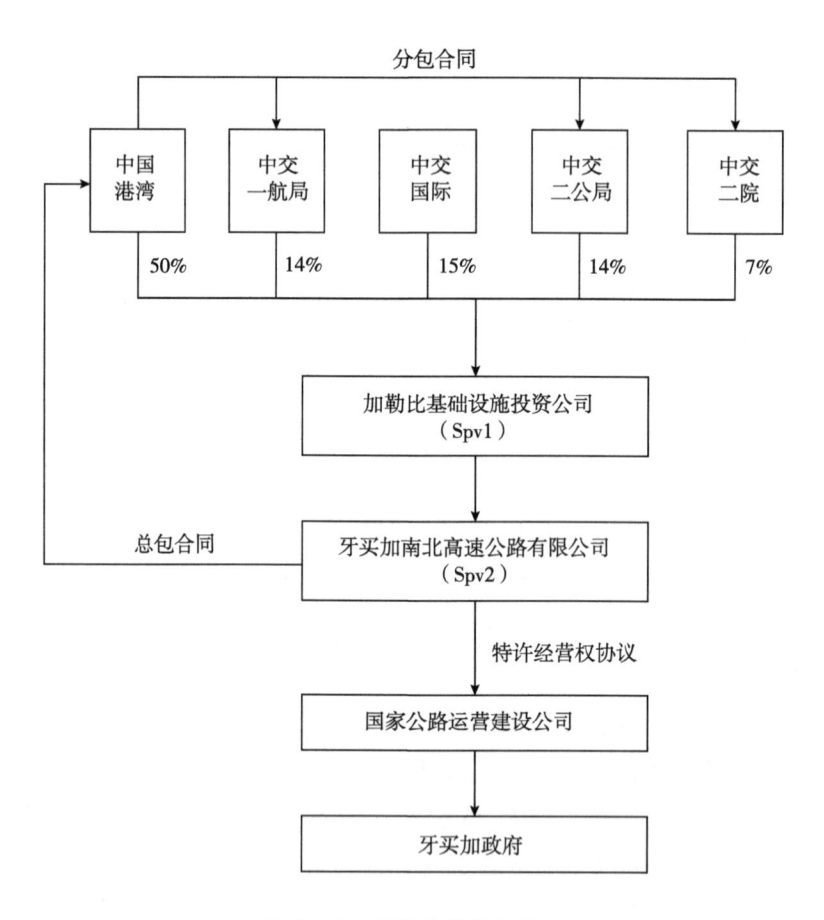

图A3-1 项目交易结构示意

3. 主要风险及应对策略

（1）融资风险

来源：H2K 项目是中资企业在海外的首个高速公路 PPP 投资项目，项目总投资额为 7.34 亿美元，贷款额度巨大。

应对：与中国国家开发银行充分沟通，获得国家开发银行的支持并获得全部贷款——4.255 亿美元和 2 亿元人民币，为项目本金的 3 倍，期限为 20 年，其中宽限期 3 年（含建设期），合同约定贷款利率为 6 个月 Libor+460BP，以此确保项目的顺利实施，降低融资风险。

（2）审批风险

来源：牙方采用英国法律体系，关于授权审批，双方法律存在差异，项目的相关审批面临风险。

应对：在项目实施过程中，为保证项目的施工进度，牙方与中方始终保持充分沟通，相关审批遵照牙方的法律规定，首先由相关部门进行审核，随后具体决议需由内阁讨论做出。

（3）信用与政治风险

来源：政权变更会导致国家解体或新任政府不承认以往的债务和协议，可能影响项目资产的安全。

应对：在项目实施过程中，始终与牙方政府保持充分沟通，遵照牙方的法律规定，尽量规避信用与政治风险。

（4）完工风险

来源：①地质条件比预想复杂；②牙买加本地公司施工缓慢；③政府征地拆迁进度较慢、征地不连续等。

应对：高速公路建设地质条件复杂，勘探存在难度，对施工技术要求较高，施工进程也受拆迁和当地公司进度影响而放缓。考虑项目建设的特殊性，加之 Bouygue 公司失败的前车之鉴，中方接手后便将项目前期的风险评估列为重点工作内容。在项目实施前，请熟悉地理环境、有经验的当地专家进行实地考察，对项目难度、成本、工程进度进行专业评估，制订系统的工程计划，为后续工作的开展提供充足的准备。

（5）运营风险

来源：①车流量和收费标准达不到预期标准；②借款人管理不

善、管理成本增加；③自然灾害等不可抗力事件等对项目运营造成影响。

应对：H2K 项目采用的是 BOT 模式，建设期后中方有为期 50 年的特许经营权，经营期结束再移交牙方。为了分散项目的经营风险，解决运营期间可能存在的车流量和收费达不到预期标准、市场竞争激烈、维护成本较高等问题，项目制定了较为完善的经营激励策略。为保障运营收入，首先，牙方实行所得税减免、关税免退、零税率等一系列税收优惠；其次，就经营期内竞争性交通设施的建设达成协议，最大限度地满足公路项目预计的交通量；最后，项目公司拥有对公路沿线 5 平方千米土地的自主开发权，获得的经营性收益可以补偿一部分投资资金。

三　项目点评

（一）充分重视前期风险评估工作

牙买加 H2K 高速公路南北线原由法国 Bouygue 公司于 2007 年开始实施建设，但由于地质勘探不到位，对施工难度准备不足，在未完工的情况下停工，预算严重超标，后续就增加投资与业主以及牙买加政府的谈判破裂。其后，中国港湾取而代之，正式获准以 BOT 方式承建运营 H2K 高速公路南北线。

与母国项目相比，海外项目的建设存在诸多不确定性，如行政审批、项目勘探、拆迁征地、成本控制和法律规则等。Bouygue 公司的失败揭示了海外项目更需要重视前期风险评估工作，特别是充分利用本土资源，聘请本国专家进行详尽的实地考察与研讨，实现海外项目的本土化评估、规划与运作。

（二）立法经验值得借鉴

牙买加采用英国法律体系，法律制度比较健全。牙买加高速公路授权经营的主要依据是 *Toll Road Act*（《收费公路法》）。高速路特许经营协议提交牙买加交通部审核通过，内阁批准后生效。牙买加其他与道路相关的法律规定还包括 *The Road Traffic Act*、*The Main Road Act* 等。一国的法律制度，特别是针对 PPP 模式的立法，在很大程度上将决定项目的各方利益能否得到保障。中国目前 PPP 相关的立法仅停留在行政规章方面，法律位阶较低，专业程度较弱。牙买加的 PPP 立法值得学习借鉴。

（三）PPP 模式可作为国内企业拓宽海外基础设施投资的路径之一

对国内企业而言，牙买加 H2K 高速公路南北线项目是中国港湾乃至中交集团在海外的第一个公路投资项目。项目的成功有利于中国企业拓展新业务领域、做大海外业务，积极介入其他领域和地域的市场竞争，彰显了 PPP 模式作为中国企业开拓海外市场的可行性。

附录 A4　哥伦比亚马道斯高速公路项目

一　项目概况

哥伦比亚马道斯高速公路项目位于哥伦比亚安提奥基亚省。该项目全长约 245 千米，包括 118.3 千米修复和完善路段、17.7 千米新建路段，另外与项目相连的 109 千米路段被纳入经营维护范围。该项目通过公开招标方式选择合作方，2015 年 9 月 22 日中国港湾牵头的联合体中标。中国港湾以技术标、经济标总体满分的优势赢得该项目，成为中资企业在南美洲中标的第一个 BOT 项目。2015 年 10 月 22 日项目公司成立，中国港湾作为牵头方，为单一大股东，其他五家合作伙伴占股 5%—20% 不等。项目概况如表 A4-1 所示。

表 A4-1　　　　　　　　　　项目基本信息

类别	具体情况
项目名称	哥伦比亚马道斯高速公路项目
项目意义	该项目是哥伦比亚"4G 路网项目"的一部分；项目建成后将主要出口货物公路运输距离由 700 千米缩短到 300 千米，时速由每小时 30 千米提升到 80 千米，全面降低哥伦比亚进出口商品成本，极大改善和促进周边沿线经济发展；通过该项目，有益于中国港湾扩大哥伦比亚市场经营规模，进一步拓展哥伦比亚及周边地区市场
所属行业	交通运输—高速公路建设

续表

类别	具体情况
运作方式	BOT
设计内容	设计标准为双向双车道，设计时速最高为80千米/小时
建设内容	南段136千米公路，包括118.3千米修复和完善路段、17.7千米新建路段
总投资额	6.56亿美元
合作期限	29年（准备期为1年，建设期为5年，运营期为23年）
项目公司	中国港湾牵头，与哥伦比亚5家合作方组成的联营体注册项目公司，由项目公司负责该项目的融资、建设和运营

二　项目实施要点

（一）项目背景

项目所在的哥伦比亚安提奥基亚省人口约650万，现有公路水平亟待提高。该省的主要出口港位于省会700千米外的巴兰基亚。本项目将打通省会至300千米外出海口图尔博港的通道。本项目是哥伦比亚"4G路网项目"的一部分，4G路网项目由哥伦比亚交通部下属的基础设施局（ANI）负责招标，计划包括40多个以PPP方式实施的超过8000千米的公路，包括1370千米的双向四车道公路和159条隧道。项目总投资预计240亿美元。

（二）投融资方案

项目建设期总投资为6.56亿美元，资本金最低为1.50亿美元。根据招标文件要求，按居民消费价格指数调整后初步估计资本金投入为1.65亿美元，剩余部分通过贷款解决。考虑当地对中国贷款利息预提税较高，中国港湾拟优先考虑使用美国或日本金融机构的美元贷款并在当地银行进行融资，以降低融资成本。

此外，由于当地货币近年来汇率波动较大，中国港湾初步拟定充分利用政府还款中的锁定汇率部分，用于偿还美元贷款本息，剩余部分贷款使用当地货币解决，以降低汇率风险和融资成本。日本三井住友银行和中国国家开发银行分别出具融资承诺函，住友银行还提出了可联合当地银行组成银团为项目提供美元和当地货币融资的一揽子方案。

（三）建设与运营方案

项目由中国港湾作为总承包方负责建设，由 AECOM 和当地设计公司组成联合体负责设计。项目公司聘请独立第三方监理负责监督项目实施。工程承包采用总价合同，根据市场定价原则，由各合作伙伴和中国港湾共同比价并按照各自股比确定各自承包比例。

（四）项目风险识别与管理

1. 法律政策风险

哥伦比亚 PPP 项目涉及的法律较为复杂，中国港湾深入调研当地法律体系，并借助当地律师力量，结合当地合作伙伴经验，规避可能的法律风险；聘请专业律师参与项目合同谈判、项目实施和未来运营等工作。

2. 汇率波动风险

项目投资回报可能受到汇率波动的不利影响。政府允许招标方在投标文件中要求还款的最高比例（42%）为美元，但仍有58%的汇率风险。为更好地管理这类风险，中国港湾与当地合作伙伴协商，达成以下共识：美元贷款还本付息原则上不超过政府美元还款部分；中国港湾收益部分如果因汇率造成损失，项目公司将在一定程度上补偿中国港湾50%的汇率损失。

3. 社会风险

哥伦比亚当地工会组织较为完善，工人罢工或村民征地拆迁纠纷等会对项目实施造成延误。中国港湾将在项目初期做好详细预案，并利用和借鉴合作伙伴在当地的关系网络和在建项目经验，降低项目社会风险。

4. 项目实施风险

哥伦比亚地域辽阔，分布高山、峡谷、平原、湖泊等多种地形，地势起伏大。遇到复杂地质状况会对项目实施造成不利影响。ANI 针对地质情况的不确定性，对地质风险作出部分补偿规定。项目所在地的五家合作伙伴在项目实施区域有多年的道路施工经验，对当地地质情况非常了解。未来将通过详细的地质勘查，调查清楚项目地质情况。

三　项目点评

（一）重视项目融资

项目投标保函和履约保函金额较高，如因发生融资风险导致违约，将造成较大经济损失。项目融资过程中与国内外金融机构深入商谈，争取少投入，考虑引入相关基金等投贷结合模式，落实以项目融资为基础的融资方案，详细研究当地法规，尽快与银行落实融资事宜，避免融资关闭期限带来的违约风险。

（二）确保项目合理收益

对于本项目，政府提供了较充分的补偿及担保形式，设立了较公平的风险分担机制，确保项目具有合理收益。对于建设投资部分，政府每年还款额以社会资本方投标的固定金额为基数测算。对于运营维护部分，政府承诺给予最小交通量保证，运营收益有政府最低保障。

（三）优势互补，组建联合体

中国港湾在隧道桥梁施工业绩和经验方面有优势，有助于项目引入国际银行贷款。其余联营体成员均为当地有多年建设经验的公司，具有类似项目当地建设、运营经验，在社会关系、当地银行融资方面有优势，具备合作基础，有助于项目推动。

附录 A5　巴基斯坦卡西姆港燃煤电站项目

一　项目概况

卡西姆港燃煤电站项目位于巴基斯坦卡拉奇市东南方约 37 千米处卡西姆港口工业园内，紧邻阿拉伯海沿岸滩涂。卡西姆工程包括电站工程、电站配套的卸煤码头及航道工程，电站设计安装 2 台 660 兆瓦超临界机组，总装机容量为 132 万千瓦，年均发电量约 90 亿度。卡西姆工程总投资约 20.85 亿美元，以 BOO 模式投资开发。

卡西姆项目建成后，可作为巴基斯坦南部的一个火电基地，直接接入 500 千伏网，送至中北部地区消纳，满足中北部地区的电力需求。卡西姆项目对巴基斯坦国家调整电力及能源结构、缓解供需矛盾、优化投资环境、促进基础设施建设和人口就业、改善民生等方面都将产生深远影响。

二 项目实施要点

（一）项目背景

近年来，巴基斯坦电力缺口不断增大，年电力缺口最大为4500—5000兆瓦，导致全国很多地区每天停电时间达12—16小时。在巴基斯坦全国火电机组发电量中，燃气、燃油发电量占90%以上，燃煤发电量占比不足1%，低成本的煤电不足。为改变当前电力紧张的局面，巴政府采取一系列策略，加大对电力行业的投入，鼓励和吸引外商与民间资本投资电力领域。2013年，中巴两国就提出了卡西姆港项目的构想，此项目位列"中巴经济走廊早期收获清单"，是"中巴经济走廊"排在首位的优先实施项目；2015年4月，习近平同志对巴基斯坦进行国事访问，将中巴关系提升为全天候战略合作伙伴关系，借此东风，卡西姆港项目顺利完成《实施协议》《购电协议》《土地租赁和港口服务协议》三大协议签署；2015年5月21日，项目桩基工程开工仪式举行，在签订EPC合同后的短短14天内，项目开始了攻坚的征程，正式进入建设阶段。卡西姆工程建设期为36个月，比可研阶段的工期缩短12个月。两台机组分别于2017年12月30日和2018年3月31日投产发电，项目于2018年6月底进入商业运行。

（二）项目开发过程

融资方案采用项目融资向中国进出口银行贷款，巴基斯坦政府提供主权担保，项目资本金与银行贷款比重分别约为25.42%和74.58%。2015年12月24日完成首笔贷款2亿美元发放。

项目运作采用建造—拥有—运营（BOO）的方式。中国电力建设集团负责整个项目的规划、设计、采购、施工与运营，项目建设期为36个月，商业运行期为30年，期满后可向巴方政府申请继续运营。

该项目合同中约定的风险及应对策略如表A5-1所示。

表 A5-1　　合同约定的项目风险及其规避策略

风险类型	风险识别与管理
政局稳定性风险	(1) 积极与政府层面沟通，及时了解多方信息，为风险预警、决策提供较可靠依据； (2) 购买中信保险海外投资保险，转移由于汇兑限制、政府征收或国有化、战争以及政治暴乱、政府违约等风险导致的项目损失
社会安全稳定风险	(1) 卡西姆港务局负责封闭园区安保； (2) 中巴政府间协议将安全事宜纳入其中
电费延迟支付风险	(1) 巴政府提供主权担保； (2) 中信保承诺对巴方延迟支付进行承保
汇兑风险	(1) 中巴政府间协议进行相关规定，巴国家银行将予以支持； (2) 项目公司积极与当地商业银行保持密切联系，建立并维持良好的合作关系，尽力争取尽可能覆盖购汇需求的额度
燃料供应风险	持续跟踪印度尼西亚等煤炭供应市场，选定可靠的煤炭供应商签订中长期供煤合同，同时开展利用巴本国煤矿掺烧或澳大利亚优质煤作为中长期煤源的可行性研究
环境保护风险	严格执行巴基斯坦和世界银行标准，聘请知名环评公司制定切实可行的环境保护计划，依法依规开展环保工作

附录 A6　东非亚吉铁路项目

一　项目概况

亚吉铁路是一条以货运为主、客货列车共线运行的横跨非洲两国的骨干铁路，西起埃塞俄比亚首都亚的斯亚贝巴，途经重要城市阿达玛、德雷达瓦，东到吉布提港，全长约 752 千米，采用中国二级电气化铁路标准建设。设计客运时速 120 千米、货运时速 80 千米，初期运能设计为 600 万吨/年，远期通过复线改造可将运量提升至 1300 万吨/年。项目总投资约 40 亿美元（含机车车辆采购）。

整条铁路东段由中国铁建所属中国土木工程集团有限公司（以下简称中土集团）承建，西段由中国中铁所属中铁二局股份有限公司（以下简称中铁二局）承建，2011 年年底签署项目协议，2015 年 6 月全线铺通。2015 年 8 月，埃塞俄比亚铁路公司和吉布提铁路公司组成联营体，对铁路运营管理权进行招标。2016年7月28日，中土集团代表"中土集团与中国中铁联营体"与埃塞俄比亚铁路公司、吉布提铁路公司签署了"亚的斯亚贝巴—吉布提铁路运营管理服务合同"，在之后六年为亚吉铁路的运营管理提供服务和技术支持。2016年10月亚吉铁路全线通车。

二　项目实施要点

（一）项目背景

埃塞俄比亚是联合国认定的最不发达国家之一，工业基础薄弱，经济发展主要依赖国际贸易。作为内陆国家，埃塞俄比亚进出口货物主要依靠邻国吉布提的港口，使用其约90%的吞吐能力。吉布提地处红海、亚丁湾中节点，扼国际战略通道——苏伊士运河要冲，战略价值显著，是非洲之角地区最重要的港口、交通中心和通往非洲内陆国家的中转站。在吉布提港进口的货物主要依赖低效的公路流向埃塞俄比亚首都周边，铁路缺失严重影响着埃塞俄比亚的经济发展。2010年9月，埃塞俄比亚政府明确了通过发展标准轨距铁路网来改善现有交通运输基础设施的总体思路，正式提出了亚吉铁路这一新建铁路项目计划，并列入"五年增长转型计划"。

亚吉铁路是东非铁路网中建成通车的第一条标准轨干线铁路，具备区域互联互通条件，将极大地改善埃、吉两国的交通基础设施现状和物流贸易效率，并将辐射广大非洲内陆地区，推动区域协同发展。此前，货物从吉布提港到埃塞俄比亚首都至少需要一周时间，运费居高不下且运力严重不足。铁路建成后客货运输时间缩短至8小时，物流成本大大降低，运输安全性显著提高。该项目被埃塞俄比亚和吉布提两国民众视为"通向未来的生命线工程"。

（二）项目实施要点

1. 融资方案

埃塞俄比亚段铁路70%的资金和吉布提段铁路85%的资金来自中国进出口银行贷款。埃塞俄比亚方和吉布提方分别为贷款向中国出口信用保险公司投保信用保证保险。

2. 项目运作方式

本项目为"EPC+OM"的运作方式，亚吉铁路工程采用设计、采购、施工一体化的交钥匙模式建造，后期运营阶段采用邀请招标方式采购了中土集团与中国中铁联营体的服务和技术支持，对铁路进行运营管理。

3. 主要风险识别与管理

从技术风险来看，中国铁路技术经过多年积淀，已拥有系统、可靠、成熟的技术体系和管理体系，能够有效识别和管理风险。亚吉铁路全线采用中国标准和中国装备，设计方案的批复和工程验收也均由中国咨询公司执行，不存在认识上的分歧，从而有效地降低了项目的技术风险。

从信用风险来看，埃塞俄比亚路段是铁路公司借款，由埃塞俄比亚政府提供主权担保，投保中长期出口信用险；吉布提路段由吉布提财政部作为借款人，吉布提政府提供主权借款，投保中长期出口信用险。两者保险比例均达95%。

（1）风险管理流程

亚吉铁路运营公司以风险管理策略为主导方向，以风险信息数据库为操作平台，将风险辨识、风险评估、风险管控、风险预警、风险评审考核等环节工作循环往复运行。

（2）开展风险管理工作

亚吉铁路运营公司根据上述风险管理流程开展了以下工作：

①建立风险信息库。亚吉铁路运营公司的上级单位参加了亚吉铁路的施工建设，在建设过程中，对于相关风险进行了收集。亚吉铁路运营公司在此基础上建立了风险信息数据库，以这个数据库为基础开展风险管理工作。

②风险辨识评估。亚吉铁路运营公司根据亚吉铁路的实际情况，分析亚吉铁路运营过程中可能发生的各类风险，结合国内外专家的调查结果，辨识出亚吉铁路运营5大风险类别、30余种风险因素，并对其提出了风险应对策略。

③风险管控。亚吉铁路运营公司非常重视风险管理控制，一旦风险发生，立刻启动风险应急策略，控制风险危害，防止其蔓延扩大。

④日常监控预警。亚吉铁路运营公司将风险管理放在日常管理的第一位，注重对运营工作的风险监控，主要监控可以导致风险发生的

条件、环境的变化，以及风险应对策略的有效性。

⑤风险评审与考核。亚吉铁路运营公司针对风险识别评估的准确性、风险应对的有效性等进行评审考核，发现不足之处并提出改进方案。

（3）制定相关风险管理制度

亚吉铁路运营公司制定了《亚吉铁路风险管理日常规范》《亚吉铁路风险应急管理制度》《亚吉铁路风险管理二次评价制度》等与风险管理相关的规章制度。通过这些规章制度不仅可以建立健康良好的风险管理秩序，也可以帮助员工增强风险管理意识，对风险管理的规范性起着至关重要的作用。

（4）形成风险管理文化

亚吉铁路运营公司通过制度、培训、宣传、教育等形式，增强全员的风险意识，力争将其转化成员工日常工作的行动指南，将风险文化融入亚吉铁路运营公司企业文化。目前，亚吉铁路运营公司员工通过风险管理信息及时共享和交流等方式，逐步养成了做事之前考虑风险的良好习惯。

附录 B 研究问卷

海外基础设施投资风险应对策略评价调查

尊敬的专家：

您好！

本团队正在开展"中国海外基础设施投资风险应对策略评价"调查。鉴于您在海外基础设施领域丰富的实践经验和深厚的学术造诣，我们诚恳地邀请您参与此次调查。

随着 2013 年习近平同志出访中亚和东南亚国家期间提出"一带一路"倡议，近年来中国企业走出去趋势明显增强，中国企业在海外投资的基础设施项目也逐年增加。然而，面对复杂多变的国际形势和陌生的项目所在国（东道国）环境以及基础设施项目本身体量大、回报周期长、资产不可转移等特性，中国海外基础设施投资面临的风险较高。本调查问卷中的东道国国家风险来源于政府、法律、法规、政策、社会环境、经济等诸多因素。您的专业见解能够帮助我们更好地认识和进一步研究中国海外基础设施投资风险应对。

本次调查结果仅限于学术目的，对您的个人信息我们将会严格保密。您的意见对我们的研究至关重要，我们热切期待您的参与并致以最诚挚的感谢。希望您能在百忙之中抽空完成本问卷。如有任何疑问，欢迎随时与研究人员联系。

再次感谢您对本研究的支持！

第一部分：受访者基本信息

1. 您的工作单位性质是（可多选）：
☐政府部门　　　　　☐投资人　　　　　☐金融机构
☐保险机构　　　　　☐高校/研究机构　　☐咨询机构
☐承包商　　　　　　☐其他，具体为____施工承包_____

2. 您的职务/职称：
☐高层管理者/高级职称　　☐中层管理者/中级职称
☐普通员工/初级职称　　　☐其他，具体为____商务经理_____

3. 您的海外基础设施投资相关工作年限为：
☐5 年及以下　　　　☐6—10 年　　　　☐11—15 年
☐16—20 年　　　　　☐21 年及以上

4. 您参与或研究过的海外基础设施项目行业为（可多选）：
☐能源　　　　　　　☐通信　　　　　　☐交通
☐水务　　　　　　　☐其他，具体为____火电站_____

5. 您参与或研究过的海外基础设施项目主要分布的国家或区域为_____。

6. 您参与或研究过的海外基础设施项目数量为_____。
7. 您认为风险对中国海外基础设施项目的重要性如何：
   □非常重要　　　　　□很重要　　　　　　□重要
   □可能重要　　　　　□不重要

第二部分：海外基础设施投资的风险应对策略有效性调查

本部分旨在调查您对海外基础设施投资中的风险应对策略的评价。根据全面的文献回顾，得到以下表格中的应对策略，并将其与各个风险对应起来。请根据您的判断，为每个跨国投资风险选择有效的应对策略，并在对应的空格处打分，分值范围为1—5（有效性非常低—有效性非常高）。如您认为某一标准并不适用于本调查，可以选择不予填充。如您认为需要增加应对策略，请在对应空白处添加并加分。

风险应对策略	风险因素——政府行为（GR）						
	政府稳定性	腐败	民主程度	行政效力	法律制度	军事参政	外部冲突
项目前期							
选择合适的国家市场、行业及项目							
选择合适的投资进入模式							
购买风险保险							
与东道国政府保持良好关系							
与东道国非政府组织/民众保持良好关系							
从东道国政府获得相应的担保							
合同签订							
采用最优的合同结构和条款							
设置以防意外事件发生额外支付费用的条款							
项目融资							
使用项目融资结构将项目风险与整体公司风险分开							
建立应急信贷机制以支付意外费用							
项目建设							

续表

风险应对策略	风险因素——政府行为（GR）						
	政府稳定性	腐败	民主程度	行政效力	法律制度	军事参政	外部冲突
结合有实力的东道国与母国承包商							
建筑工地封闭管理							
避免操作不当行为							
采用当地安保服务							
派遣员工进行专业培训项目							
项目运营							
与当地商业产生紧密链接							
控制核心和关键技术							
灵活的供应链管理							
项目全阶段							
遵守东道国法律法规							
树立良好的企业形象和声誉							
预备用以抵抗风险的商业资源							
风险事件发生后							
从母国获得支持							
通过协商解决争端							
依靠国际仲裁机构和风险保单政策							
应急响应计划							
事后反应评估							
如有其他策略，请补充							

风险应对策略	风险因素——社会环境（SR）			风险因素——经济环境（EE）	
	内部冲突	宗教冲突	民族、种族关系紧张	社会经济压力	投资环境限制
项目前期					
选择合适的国家市场、行业及项目					
选择合适的投资进入模式					
购买风险保险					

续表

风险应对策略	风险因素——社会环境（SR）			风险因素——经济环境（EE）	
	内部冲突	宗教冲突	民族、种族关系紧张	社会经济压力	投资环境限制
与东道国政府保持良好关系					
与东道国非政府组织/民众保持良好关系					
从东道国政府获得相应的担保					
合同签订					
采用最优的合同结构和条款					
设置以防意外事件发生额外支付费用的条款					
项目融资					
使用项目融资结构将项目风险与整体公司风险分开					
建立应急信贷机制以支付意外费用					
项目建设					
结合有实力的东道国与母国承包商					
建筑工地封闭管理					
避免操作不当行为					
采用当地安保服务					
派遣员工进行专业培训项目					
项目运营					
与当地商业产生紧密链接					
控制核心和关键技术					
灵活的供应链管理					
项目全阶段					
遵守东道国法律法规					
树立良好的企业形象和声誉					
预备用以抵抗风险的商业资源					
风险事件发生后					
从母国获得支持					
通过协商解决争端					
依靠国际仲裁机构和风险保单政策					

续表

风险应对策略	风险因素——社会环境（SR）			风险因素——经济环境（EE）	
	内部冲突	宗教冲突	民族、种族关系紧张	社会经济压力	投资环境限制
应急响应计划					
事后反应评估					
如有其他策略，请补充					

参考文献

财政部政府和社会资本合作中心：《"一带一路"PPP 项目案例》，https：//www.cpppc.org/shzbzc.jhtml，2017 年。

蔡奇钢：《"一带一路"倡议下重大基础设施投资的文化风险评估与防范研究》，硕士学位论文，重庆大学，2021 年。

蔡星星、林民书：《温州融资关系网络的结构特征、风险传导与传染效应：基于动态理论模型的分析》，《现代财经（天津财经大学学报）》2016 年第 9 期。

陈蔚：《企业跨国直接投资的风险管理》，《理论导刊》2004 年第 12 期。

陈志：《企业风险传导过程的数理分析》，《理论月刊》2010 年第 7 期。

程颖慧：《中国对"一带一路"沿线国家投资的风险与效率研究》，博士学位论文，天津财经大学，2020 年。

邓小鹏、Low Sui Pheng、纪沿光：《政治风险视域下国际工程项目系统的脆弱性研究》，《北京理工大学学报》（社会科学版）2015 年第 1 期。

董幼鸿：《新时代公共安全风险源头治理的路径选择与策略探讨——基于系统脆弱性理论框架分析》，《理论与改革》2018 年第 3 期。

高波：《"一带一路"建设中的对外直接投资风险研究》，博士学位论文，吉林大学，2020 年。

高勇强：《企业跨国投资的非市场风险及管理研究》，《国际经济合作》2007 年第 10 期。

管建军、刘旭星：《海外基础设施投资法律合规风险及若干注意事项》，《中国对外贸易》2020年第4期。

郭菲菲、黄承锋：《PPP模式存在的问题及对策——基于"一带一路"沿线国家的分析》，《重庆交通大学学报》（社会科学版）2016年第5期。

黄河、邹为：《中国建筑企业在"一带一路"沿线基础设施投资的政治风险及其管控》，《云南大学学报》（社会科学版）2017年第16期。

黄正谦：《"一带一路"高速公路建设项目投资风险评价及对策研究》，博士学位论文，东北林业大学，2022年。

贾若愚：《国际工程中政治风险的智能预测与对策选择研究》，博士学位论文，东南大学，2016年。

凌晔：《"一带一路"境外基础设施投资政治风险防范的法律路径》，《兰州财经大学学报》2018年第1期。

刘炳胜、王雪青、李冰：《中国建筑产业竞争力形成机理分析——基于PLS结构方程模型的实证研究》，《数理统计与管理》2011年第1期。

刘家国：《加强风险管理提高"一带一路"交通基础设施投资质量》，《中国水运》2021年第2期。

刘逸婉：《海外PPP项目的风险及应对策略》，《中国市场》2022年第20期。

吕晨、刘书宁、杨堃：《贸易战背景下我国"一带一路"企业海外投资风险及对策研究——以基础设施投资为例》，《未来与发展》2020年第10期。

南开辉、刘毅、方向、张华：《"一带一路"视角下海外基础设施投资风险识别研究——以电网项目为例》，《建筑经济》2019年第5期。

庞素琳、房秋文、蔡牧夫：《多主体协同治理下城市密集建筑群火灾风险管理与应用》，《管理评论》2016年第8期。

任学强：《企业跨国投资风险应对》，《国际经济合作》2009年第

6 期。

汝毅、吕萍：《绿地投资和跨国并购的绩效动态比较——基于制度理论和组织学习双重视角》，《经济管理》2014 年第 12 期。

石友蓉：《风险传导机理与风险能量理论》，《武汉理工大学学报》（信息与管理工程版）2006 年第 9 期。

司月芳、李英戈：《中资跨国公司对外直接投资研究述评》，《经济问题探索》2015 年第 12 期。

孙海泳：《中国对外基础设施投资的社会组织风险及对策》，《现代国际关系》2016 年第 3 期。

孙玲：《金融风险的生成机理与传导问题研究》，《中州学刊》2010 年第 1 期。

陶眉辰：《"一带一路"下中国对外基础设施投资风险研究》，硕士学位论文，首都经济贸易大学，2017 年。

王超俊、冯婵、陈海龙：《基于风险检查表—ISM 法的高速公路 PPP 项目风险识别》，《价值工程》2016 年第 35 期。

王树文：《"一带一路"PPP 模式中风险分析及风险规避路径选择》，《东岳论丛》2016 年第 5 期。

王昱睿：《东道国风险对中国"一带一路"项目投资的影响研究》，博士学位论文，东北财经大学，2022 年。

王卓甫、安晓伟、丁继勇：《海外重大基础设施投资项目风险识别与评估框架》，《土木工程与管理学报》2018 年第 1 期。

吴钧：《中国跨国公司境外投资集成风险管理研究》，《学术论坛》2012 年第 35 期。

吴卫星、张琳琬、颜建晔：《金融系统风险的成因、传导机制和度量：一个综述》，《国际商务（对外经济贸易大学学报）》2014 年第 1 期。

吴小节、马美婷、汪秀琼：《制度差异方向、关系网络与跨国投资区位选择》，《管理工程学报》2023 年第 1 期。

吴志君：《"一带一路"倡议下中国企业海外投资基础设施所面临的法律风险及其防范》，硕士学位论文，郑州大学，2019 年。

项勇、任宏：《工程项目工期风险因素影响分析——基于贝叶斯网络理论和非叠加原理》，《技术经济与管理研究》2015年第2期。

夏喆：《企业风险传导的机理与评价研究》，博士学位论文，武汉理工大学，2007年。

向鹏成、聂晟、贾富源：《基于SD模型的海绵城市建设风险传导效应评价研究》，《建筑经济》2020年第2期。

向鹏成、盛亚慧：《基于ISM的海外重大基础设施投资项目社会风险研究》，《工程管理学报》2020年第4期。

向鹏成、张菲、盛亚慧：《"一带一路"沿线国家基础设施投资社会风险评价研究》，《工业技术经济》2022年第3期。

颜艳、王光远：《多视角解读战略联盟风险管理——基于交易成本理论、资源基础观和博弈论》，《财会月刊》2016年第7期。

杨娜、黄凌云、王珏：《混合所有制企业的跨国投资等待时间研究——基于资源依赖理论视角》，《外国经济与管理》2020年第3期。

姚恒、刘敏、高凌峰：《基于结构方程和PLS的建筑施工企业顾客满意度评价模型研究》，《工程管理学报》2013年第1期。

尹国俊、汪志华：《跨国创业投资组织模式的选择——基于能力资源整合理论的分析》，《杭州电子科技大学学报》（社会科学版）2015年第2期。

张宏亮、李鹏：《PFI项目特点对项目风险事件和脆弱性的影响》，《管理工程学报》2007年第1期。

张鹏飞：《"一带一路"沿线亚洲国家基础设施先行研究——基于区域公共产品供给理论》，上海社会科学院出版社2021年版。

张水波、杨秋波、张毅文：《基础设施投资项目的风险治略》，《国际工程与劳务》2016年第12期。

张英达、葛顺奇：《跨国经营的政治风险：结构、趋势与对策》，《国际经济合作》2011年第11期。

赵微：《高速公路项目企业投资风险管理的探究》，《现代国企研究》2016年第8期。

赵新娥：《项目投资风险传导及柔性管理研究》，《武汉理工大学学报》（信息与管理工程版）2010 年第 2 期。

朱建彬：《"一带一路"倡议对中国企业海外基础设施投资的促进效应》，硕士学位论文，南京大学，2021 年。

朱兴龙：《中国对外直接投资的风险及其防范制度研究》，博士学位论文，武汉大学，2016 年。

庄学敏、曾富君：《基于交易成本理论的 PPP 风险分担问题研究》，《建筑经济》2019 年第 9 期。

Afthanorhan, W., "A Comparison of Partial Least Square Structural Equation Modeling (PLS-SEM) and Covariance Based Structural Equation Modeling (CB-SEM) for Confirmatory Factor Analysis", *International Journal of Engineering Science Innovative Technology*, Vol. 2, No. 5, 2013.

Ahmed, A., Kayis, B. and Amornsawadwatana, S., "A Review of Techniques for Risk Management in Projects", *Benchmarking: An International Journal*, Vol. 16, No. 1, 2007.

Al-Kaabi, M., Demirbag, M. and Tatoglu, E., "International Market Entry Strategies of Emerging Market MNES: A Case Study of Qatar Telecom", *Journal of East-West Business*, Vol. 16, No. 2, 2010.

Al Khattab, A., Anchor, J. and Davies, E., "Managerial Perceptions of Political Risk in International Projects", *International Journal of Project Management*, Vol. 25, No. 7, 2007.

Alon, I. and Herbert, T. T., "A Stranger in a Strange Land: Micro Political Risk and the Multinational Firm", *Business Horizons*, Vol. 52, No. 2, 2009.

Ameyaw, E. E. and Chan, A. P., "Evaluating Key Risk Factors for PPP Water Projects in Ghana: A Delphi Study", *Journal of Facilities Management*, Vol. 13, No. 2, 2015a.

Ameyaw, E. E. and Chan, A. P., "Evaluation and Ranking of Risk Factors in Public-Private Partnership Water Supply Projects in Developing Countries Using Fuzzy Synthetic Evaluation Approach", *Expert Systems with Applications*, Vol. 42, No. 12, 2015b.

Ameyaw, E. E. and Chan, A. P., "A Fuzzy Approach for the Allocation of Risks in Public-Private Partnership Water-Infrastructure Projects in Developing Countries", *Journal of Infrastructure Systems*, Vol. 22, No. 3, 2016.

Ameyaw, E. E., Chan, A. P. and Owusu-Manu, D. G., "A Survey of Critical Success Factors for Attracting Private Sector Participation in Water Supply Projects in Developing Countries", *Journal of Facilities Management*, Vol. 15, No. 1, 2017.

Ameyaw, E. E., Hu, Y., Shan, M., Chan, A. P. and Le, Y., "Application of Delphi Method in Construction Engineering and Management Research: A Quantitative Perspective", *Journal of Civil Engineering and Management*, Vol. 42, No. 8, 2016.

Anantatmula, V. and Fan, Y., "Risk Management Instruments, Strategies and Their Impact on Project Success", *International Journal of Risk and Contingency Management*, Vol. 2, No. 2, 2013.

Andrić, J. M., Wang, J., Zou, P. X., Zhang, J. and Zhong, R., "Fuzzy Logic-Based Method for Risk Assessment of Belt and Road Infrastructure Projects", *Journal of Construction Engineering and Management*, Vol. 145, No. 12, 2019.

Araújo, M., Alencar, L. H. and Mota, C. M., "Decision Criteria for Contractor Selection in Construction Industry: A Literature Review", 2018 IEEE International Conference on Industrial Engineering and Engineering Management, 2018.

Arnoldi, J. and Villadsen, A. R., "Political Ties of Listed Chinese Companies, Performance Effects, and Moderating Institutional Factors", *Management and Organization Review*, Vol. 11, No. 2, 2015.

Ashley, D. B. and Bonner, J. J., "Political Risks in International Construction", *Journal of Construction Engineering and Management*, Vol. 113, No. 3, 1987.

Aulakh, P. S. and Kotabe, M., "Antecedents and Performance Implications of Channel Integration in Foreign Markets", *Journal of International Business Studies*, Vol. 28, No. 1, 1997.

Babatunde, S. O., Perera, S., Zhou, L. and Udeaja, C., "Barriers to Public Private Partnership Projects in Developing Countries: A Case of Nigeria", *Engineering, Construction and Architectural Management*, Vol. 22, No. 6, 2015.

Bacharach, S. B. and Lawler, E. J., "Power and Tactics in Bargaining", *ILR Review*, Vol. 34, No. 2, 1981.

Bao, F., Chan, A. P., Chen, C. and Darko, A., "Review of Public-Private Partnership Literature from a Project Lifecycle Perspective", *Journal of Infrastructure Systems*, Vol. 24, No. 3, 2018.

Barney, J. B., "Is the Resource-Based 'View' a Useful Perspective for Strategic Management Research? Yes", *The Academy of Management Review*, Vol. 26, No. 1, 2001.

Bartlett, M. S., "A Note on the Multiplying Factors for Various χ^2 Approximations", *Journal of the Royal Statistical Society: Series B (Methodological)*, Vol. 16, No. 2, 1954.

Bergara, M. E., Henisz, W. J. and Spiller, P. T., "Political Institutions and Electric Utility Investment: A Cross-Nation Analysis", *California Management Review*, Vol. 40, No. 2, 1998.

Bertelli, A. M., Mele, V. and Whitford, A. B., "When New Public Management Fails: Infrastructure Public-Private Partnerships and Political Constraints in Developing and Transitional Economies", *Governance*, Vol. 33, No. 3, 2020.

Biglaiser, G. and Staats, J. L., "Do Political Institutions Affect Foreign Direct Investment? A Survey of U. S. Corporations in Latin America", *Political Research Quarterly*, Vol. 63, No. 3, 2010.

Birch, D. G. and McEvoy, N. A., "Risk Analysis for Information Systems", *Journal of Information Technology*, Vol. 7, No. 1, 1992.

Birkmann, J., "Risk and Vulnerability Indicators at Different

Scales: Applicability, Usefulness and Policy Implications", *Environmental Hazards*, Vol. 7, No. 1, 2007.

Blumentritt, T. and Rehbein, K., "The Political Capital of Foreign Subsidiaries: An Exploratory Model", *Business & Society*, Vol. 47, No. 2, 2008.

Boyacigiller, N., "The Role of Expatriates in the Management of Interdependence Complexity and Risk in Multinational Corporations", *Journal of International Business Studies*, Vol. 21, No. 3, 1990.

Brink, C. H., *Measuring Political Risk: Risks to Foreign Investment*, London: Routledge, 2004.

Brouthers, K. D., "Institutional, Cultural and Transaction Cost Influences on Entry Mode Choice and Performance", *Journal of International Business Studies*, Vol. 33, No. 2, 2002.

Brouthers, K. D. and Hennart, J. -F., "Boundaries of the Firm: Insights from International Entry Mode Research", *Journal of Management*, Vol. 33, No. 3, 2007.

Buckley, P. J., Forsans, N. and Munjal, S., "Host-Home Country Linkages and Host-Home Country Specific Advantages as Determinants of Foreign Acquisitions by Indian Firms", *International Business Review*, Vol. 21, No. 5, 2012.

Busse, M. and Hefeker, C., "Political Risk, Institutions and Foreign Direct Investment", *European Journal of Political Economy*, Vol. 23, No. 2, 2007.

Cardona, O. D., "The Need for Rethinking the Concepts of Vulnerability and Risk from a Holistic Perspective: A Necessary Review and Criticism for Effective Risk Management", in Bankoff, G., Frerks, G. and Hilhorst, D., eds., *Mapping Vulnerability*, London: Routledge, 2004.

Chan, A. P., Lam, P. T., Wen, Y., Ameyaw, E. E., Wang, S. and Ke, Y., "Cross-Sectional Analysis of Critical Risk Factors for PPP Water Projects in China", *Journal of Infrastructure Systems*, Vol. 21,

No. 1, 2014.

Chan, A. P., Osei-Kyei, R., Hu, Y. and Yun, L., "A Fuzzy Model for Assessing the Risk Exposure of Procuring Infrastructure Mega-Projects through Public-Private Partnership: The Case of Hong Kong-Zhuhai-Macao Bridge", *Frontiers of Engineering Management*, Vol. 5, No. 1, 2018.

Chang, T., Deng, X., Hwang, B.-G. and Zhao, X., "Political Risk Paths in International Construction Projects: Case Study from Chinese Construction Enterprises", *Advances in Civil Engineering*, Vol. 2018, 2018a.

Chang, T., Deng, X., Hwang, B.-G. and Zhao, X., "Improving Quantitative Assessment of Political Risk in International Construction Projects: The Case of Chinese Construction Companies", *Journal of Construction Engineering and Management*, Vol. 145, No. 12, 2019.

Chang, T., Hwang, B.-G., Deng, X. and Zhao, X., "Identifying Political Risk Management Strategies in International Construction Projects", *Advances in Civil Engineering*, Vol. 2018, 2018b.

Chapman, R. J., "The Effectiveness of Working Group Risk Identification and Assessment Techniques", *International Journal of Project Management*, Vol. 16, No. 6, 1998.

Chen, C., Entry Strategies for International Construction Markets, Ph. D. dissertation, The Pennsylvania State University, 2005.

Chen, C. and Doloi, H., "BOT Application in China: Driving and Impeding Factors", *International Journal of Project Management*, Vol. 26, No. 4, 2008.

Chen, C. and Messner, J. I., "Entry Mode Taxonomy for International Construction Markets", *Journal of Management in Engineering*, Vol. 25, No. 1, 2009.

Cherchye, L. and Verriest, A., "The Impact of Home-Country Institutions and Competition on Firm Profitability", *International Business Re-*

view, Vol. 25, No. 4, 2016.

Chopra, S. S., Dillon, T., Bilec, M. M. and Khanna, V., "A Network-Based Framework for Assessing Infrastructure Resilience: A Case Study of the London Metro System", *Journal of the Royal Society Interface*, Vol. 13, No. 118, 2016.

Choudhury, P. and Khanna, T., "Toward Resource Independence—Why State-Owned Entities Become Multinationals: An Empirical Study of India's Public R&D Laboratories", *Journal of International Business Studies*, Vol. 45, 2014.

Chowdhury, F. L., *Corrupt Bureaucracy and Privatization of Tax Enforcement in Bangladesh*, Pathak Shamabesh, 2006.

Dahlman, C. J., "The Problem of Externality", *The Journal of Law Economics of Governance*, Vol. 22, No. 1, 1979.

Dai, L., Eden, L. and Beamish, P. W., "Caught in the Crossfire: Dimensions of Vulnerability and Foreign Multinationals' Exit from War-Afflicted Countries", *Strategic Management Journal*, Vol. 38, No. 7, 2017.

Delios, A. and Henisz, W. J., "Policy Uncertainty and the Sequence of Entry by Japanese Firms, 1980–1998", *Journal of International Business Studies*, Vol. 34, 2003.

Demirbag, M., Mellahi, K. and Riddle, L., "Multinationals in the Middle East: Institutional Environment and Strategies", *Journal of World Business*, Vol. 46, No. 4, 2011.

Deng, X., Low, S. P., Li, Q. and Zhao, X., "Developing Competitive Advantages in Political Risk Management for International Construction Enterprises", *Journal of Construction Engineering Management*, Vol. 140, No. 9, 2014.

Deng, X. and Low, S. P., "Understanding the Critical Variables Affecting the Level of Political Risks in International Construction Projects", *KSCE Journal of Civil Engineering*, Vol. 17, 2013.

Deng, X., Low, S. P. and Zhao, X., "Project System Vulnerability to Political Risks in International Construction Projects: The Case of Chinese Contractors", *Project Management Journal*, Vol. 45, No. 2, 2014.

Diamantopoulos, A. and Siguaw, J. A., "Formative versus Reflective Indicators in Organizational Measure Development: A Comparison and Empirical Illustration", *British Journal of Management*, Vol. 17, No. 4, 2006.

Dieleman, M. and Boddewyn, J. J., "Using Organization Structure to Buffer Political Ties in Emerging Markets: A Case Study", *Organization Studies*, Vol. 33, No. 1, 2012.

DiMaggio, P. J. and Powell, W. W., "The Iron Cage Revisited: Institutional Isomorphism and Collective Rationality in Organizational Fields", *American Sociological Review*, Vol. 48, No. 2, 1983.

Dionne, G., "Risk Management: History, Definition, and Critique", *Risk Management and Insurance Review*, Vol. 16, No. 2, 2013.

Doh, J. P., Lawton, T. C. and Rajwani, T., "Advancing Nonmarket Strategy Research: Institutional Perspectives in a Changing World", *Academy of Management Perspectives*, Vol. 26, No. 3, 2012.

Eduardsen, J. and Marinova, S., "Internationalisation and Risk: Literature Review, Integrative Framework and Research Agenda", *International Business Review*, Vol. 29, No. 3, 2020.

Edwards, P. N., "Infrastructure and Modernity: Force, Time, and Social Organization in the History of Sociotechnical Systems", in Misa, T. J., ed., *Modernity and Technology*, The MIT Press, 2002.

Estrin, S. and Pelletier, A., "Privatization in Developing Countries: What are the Lessons of Recent Experience?", *The World Bank Research Observer*, Vol. 33, No. 1, 2018.

Fahad Al-Azemi, K., Bhamra, R. and Salman, A. F. M., "Risk Management Framework for Build, Operate and Transfer (BOT) Projects in Kuwait", *Journal of Civil Engineering and Management*, Vol. 20, No.

3, 2014.

Feagin, J. R. , Orum, A. M. and Sjoberg, G. , eds. , *A Case for the Case Study*, Chapel Hill and London: The University of North Carolina Press, 2016.

Fernando, C. K. , Hosseini, M. R. , Zavadskas, E. K. , Perera, B. A. K. S. and Rameezdeen, R. , "Managing the Financial Risks Affecting Construction Contractors: Implementing Hedging in Sri Lanka", *International Journal of Strategic Property Management*, Vol. 21, No. 2, 2017.

Fitzpatrick, M. , "The Definition and Assessment of Political Risk in International Business: A Review of the Literature", *The Academy of Management Review*, Vol. 8, No. 2, 1983.

Fowler Jr, F. J. , *Survey Research Methods*, 5th edition, Sage Publications, 2013.

Freeman, R. E. , *Strategic Planning: A Stakeholder Approach*, Cambridge: Cambridge University Press, 1984.

Galvan, G. and Agarwal, J. , "Assessing the Vulnerability of Infrastructure Networks Based on Distribution Measures", *Reliability Engineering System Safety*, Vol. 196, 2020.

GaoYan, Q. , "Political Risk Distribution of Chinese Outward Foreign Direct Investment", *International Journal of Emerging Markets*, Vol. 16, No. 6, 2020.

García-Canal, E. and Guillén, M. F. , "Risk and the Strategy of Foreign Location Choice in Regulated Industries", *Strategic Management Journal*, Vol. 29, No. 10, 2008.

Giambona, E. , Graham, J. R. and Harvey, C. R. , "The Management of Political Risk", *Journal of International Business Studies*, Vol. 48, 2017.

Gransow, B. , "Chinese Infrastructure Investment in Latin America—An Assessment of Strategies, Actors and Risks", *Journal of Chinese Political Science*, Vol. 20, 2015.

Guillén, M. F. , "Experience, Imitation, and the Sequence of Foreign Entry: Wholly Owned and Joint-Venture Manufacturing by South Korean Firms and Business Groups in China, 1987–1995", *Journal of International Business Studies*, Vol. 34, 2003.

Hadani, M. and Schuler, D. A. , "In Search of El Dorado: The Elusive Financial Returns on Corporate Political Investments", *Strategic Management Journal*, Vol. 34, No. 2, 2013.

Haendel, D. , *Foreign Investments and the Management of Political Risk*, New York: Routledge, 2019.

Hair, J. F. , Ringle, C. M. and Sarstedt, M. , "PLS-SEM: Indeed a Silver Bullet", *Journal of Marketing Theory Practice*, Vol. 19, No. 2, 2011.

Hair Jr, J. F. , Hult, G. T. M. , Ringle, C. and Sarstedt, M. , *A Primer on Partial Least Squares Structural Equation Modeling (PLS-SEM)*, 2nd edition, Sage Publications, 2016.

Hair Jr, J. F. , Sarstedt, M. , Hopkins, L. and Kuppelwieser, V. G. , "Partial Least Squares Structural Equation Modeling (PLS-SEM): An Emerging Tool in Business Research", *European Business Review*, Vol. 26, No. 2, 2014.

Han, S. H. , Diekmann, J. E. , Lee, Y. and Ock, J. H. , "Multicriteria Financial Portfolio Risk Management for International Projects", *Journal of Construction Engineering and Management*, Vol. 130, No. 3, 2004.

Henisz, W. J. and Zelner, B. A. , "The Strategic Organization of Political Risks and Opportunities", *Strategic Organization*, Vol. 1, No. 4, 2003.

Hofstede, G. , *Culture's Consequences: Comparing Values, Behaviors, Institutions and Organizations across Nations*, 2nd edition, Sage Publications, 2001.

Holburn, G. L. and Zelner, B. A. , "Political Capabilities, Policy

Risk, and International Investment Strategy: Evidence from the Global Electric Power Generation Industry", *Strategic Management Journal*, Vol. 31, No. 12, 2010.

Holtbrügge, D., Berg, N. and Puck, J. F., "To Bribe or to Convince? Political Stakeholders and Political Activities in German Multinational Corporations", *International Business Review*, Vol. 16, No. 1, 2007.

Hosseini, M. R., Banihashemi, S., Martek, I., Golizadeh, H. and Ghodoosi, F., "Sustainable Delivery of Megaprojects in Iran: Integrated Model of Contextual Factors", *Journal of Management in Engineering*, Vol. 34, No. 2, 2017.

Hosseini, M. R., Martek, I., Banihashemi, S., Chan, A. P. C., Darko, A. and Tahmasebi, M., "Distinguishing Characteristics of Corruption Risks in Iranian Construction Projects: A Weighted Correlation Network Analysis", *Science and Engineering Ethics*, Vol. 26, No. 1, 2020.

Hotho, J. J. and Pedersen, T., "Beyond the 'Rules of the Game': Three Institutional Approaches and How They Matter for International Business", in Wood, G. and Demirbag, eds., *Handbook of Institutional Approaches to International Business*, Cheltenham, UK Edward Elgar Publishing Limited, 2012.

Hu, Z., Li, Q., Liu, T., Wang, L. and Cheng, Z., "Government Equity Investment, Effective Communication and Public Private Partnership (PPP) Performance: Evidence from China", *Engineering, Construction and Architectural Management*, Vol. 28, No. 9, 2021.

Hwang, B.-G., Zhao, X. and Gay, M. J. S., "Public Private Partnership Projects in Singapore: Factors, Critical Risks and Preferred Risk Allocation from the Perspective of Contractors", *International Journal of Project Management*, Vol. 31, No. 3, 2013.

Hwang, B. G., Zhao, X. and Chin, E. W. Y., "International Construction Joint Ventures between Singapore and Developing Countries Risk Assessment and Allocation Preferences", *Engineering, Construction and*

Architectural Management, Vol. 24, No. 2, 2017.

Iankova, E. and Katz, J., "Strategies for Political Risk Mediation by International Firms in Transition Economies: The Case of Bulgaria", *Journal of World Busines*, Vol. 38, No. 3, 2003.

Ibrahim, A. D., Price, A. D. F. and Dainty, A. R. J., "The Analysis and Allocation of Risks in Public Private Partnerships in Infrastructure Projects in Nigeria", *Journal of Financial Management of Property and Construction*, Vol. 11, No. 3, 2006.

Jauch, H., "Chinese Investments in Africa: Twenty-First Century Colonialism?" *New Labor Forum*, Vol. 20, No. 2, 2011.

Jiang, W. and Martek, I., "The Mediating Role of Infrastructure Vulnerability on the Political Risk of Foreign Infrastructure Investment in Developing Countries: Insights from Brazil and China", *Journal of Infrastructure Systems*, Vol. 29, No. 3, 2023.

Jiang, W., Martek, I., Hosseini, M. R. and Chen, C., "Political Risk Management of Foreign Direct Investment in Infrastructure Projects: Bibliometric-Qualitative Analyses of Research in Developing Countries", *Engineering, Construction and Architectural Management*, Vol. 28, No. 1, 2021.

Jiang, W., Martek, I., Hosseini, M. R., Chen, C. and Ma, L., "Foreign Direct Investment in Infrastructure Projects: Taxonomy of Political Risk Profiles in Developing Countries", *Journal of Infrastructure Systems*, Vol. 25, No. 3, 2019.

Jiang, W., Martek, I., Hosseini, M. R., Tamošaitienė, J. and Chen, C., "Foreign Infrastructure Investment in Developing Countries: A Dynamic Panel Data Model of Political Risk Impacts", *Technological and Economic Development of Economy*, Vol. 25, No. 2, 2019.

Jiménez, A. and Bjorvatn, T., "The Building Blocks of Political Risk Research: A Bibliometric Co-Citation Analysis", *International Journal of Emerging Markets*, Vol. 13, No. 4, 2018.

Jiménez, A., Jiang, G. F., Petersen, B. and Gammelgaard, J., "Within-Country Religious Diversity and the Performance of Private Participation Infrastructure Projects", *Journal of Business Research*, Vol. 95, 2019.

Jiménez, A., Luis-Rico, I. and Benito-Osorio, D., "The Influence of Political Risk on the Scope of Internationalization of Regulated Companies: Insights from a Spanish Sample", *Journal of World Business*, Vol. 49, No. 3, 2014.

John, A. and Lawton, T. C., "International Political Risk Management: Perspectives, Approaches and Emerging Agendas", *International Journal of Management Reviews*, Vol. 20, No. 4, 2018.

Joreskog, K. G. and Wold, H., "The ML and PLS Techniques for Modeling with Latent Variables: Historical and Comparative Aspects", in *Systems under Indirect Observation: Causality, Structure, Prediction*, Part I, North Holland Publishing Company, 1982.

Kaiser, H. F., "An Index of Factorial Simplicity", *Psychometrika*, Vol. 39, 1974.

Kardes, I., Ozturk, A., Cavusgil, S. T. and Cavusgil, E., "Managing Global Megaprojects: Complexity and Risk Management", *International Business Review*, Vol. 22, No. 6, 2013.

Ke, Y., Wang, S., Chan, A. P. and Cheung, E., "Understanding the Risks in China's PPP Projects: Ranking of Their Probability and Consequence", *Engineering, Construction and Architectural Management*, Vol. 18, No. 5, 2011.

Kesternich, I. and Schnitzer, M., "Who is Afraid of Political Risk? Multinational Firms and Their Choice of Capital Structure", *Journal of International Economics*, Vol. 82, No. 2, 2010.

Kline, R. B., "Book Review: Psychometric Theory", *Journal of Psychoeducational Assessment*, Vol. 17, No. 3, 1999.

Kobrin, S. J., Basek, J., Blank, S. and La Palombara, J., "The

Assessment and Evaluation of Noneconomic Environments by American Firms: A Preliminary Report", *Journal of International Business Studies*, Vol. 11, 1980.

Kolstad, I. and Wiig, A., "What Determines Chinese Outward FDI?", *Journal of World Business*, Vol. 47, No. 1, 2012.

Kudratova, S., Huang, X. and Zhou, X., "Sustainable Project Selection: Optimal Project Selection Considering Sustainability under Reinvestment Strategy", *Journal of Cleaner Production*, Vol. 203, 2018.

Kumaraswamy, M. and Zhang, X., "Governmental Role in BOT-Led Infrastructure Development", *International Journal of Project Management*, Vol. 19, No. 4, 2001.

Kumari, A. and Kumar Sharma, A., "Infrastructure Financing and Development: A Bibliometric Review", *International Journal of Critical Infrastructure Protection*, Vol. 16, 2017.

Kumari, R. and Sharma, A. K., "Determinants of Foreign Direct Investment in Developing Countries: A Panel Data Study", *International Journal of Emerging Markets*, Vol. 12, No. 4, 2017.

Lawton, T., Rajwani, T. and Doh, J., "The Antecedents of Political Capabilities: A Study of Ownership, Cross-Border Activity and Organization at Legacy Airlines in a Deregulatory Context", *International Business Review*, Vol. 22, No. 1, 2013.

Lee, N. and Schaufelberger, J. E., "Risk Management Strategies for Privatized Infrastructure Projects: Study of the Build-Operate-Transfer Approach in East Asia and the Pacific", *Journal of Management in Engineering*, Vol. 30, No. 3, 2014.

Li, B., Akintoye, A., Edwards, P. and Hardcastle, C., "Risk Treatment Preferences for PPP/PFI Construction Projects in the UK", Proceedings: ARCOM Conference, Heriot Watt University, 2004.

Li, B., Akintoye, A., Edwards, P. and Hardcastle, C., "Critical Success Factors for PPP/PFI Projects in the UK Construction Industry",

Construction Management and Economics, Vol. 23, No. 5, 2005.

Li, G., Zhang, G., Chen, C. and Martek, I., "Empirical Bid or No Bid Decision Process in International Construction Projects: Structural Equation Modeling Framework", *Journal of Construction Engineering Management*, Vol. 146, No. 6, 2020.

Li, P., Qian, H., Howard, K. W. and Wu, J., "Building a New and Sustainable 'Silk Road Economic Belt'", *Environmental Earth Sciences*, Vol. 74, 2015.

Likert, R., "A Technique for the Measurement of Attitudes", *Archives of Psychology*, Vol. 22, 1932.

Ling, F. Y. Y. and Hoang, V. T. P., "Political, Economic, and Legal Risks Faced in International Projects: Case Study of Vietnam", *Journal of Professional Issues in Engineering Education & Practice*, Vol. 136, No. 3, 2010.

Liu, X., Gao, L., Lu, J. and Lioliou, E., "Environmental Risks, Localization and the Overseas Subsidiary Performance of MNES from an Emerging Economy", *Journal of World Business*, Vol. 51, No. 3, 2016.

Low, S. P. and Jiang, H., "Internationalization of Chinese Construction Enterprises", *Journal of Construction Engineering Management*, Vol. 129, No. 6, 2003.

López-Duarte, C. and Vidal-Suárez, M. M., "Cultural Distance and the Choice between Wholly Owned Subsidiaries and Joint Ventures", *Journal of Business Research*, Vol. 66, No. 11, 2013.

Luo, Y. and Wang, S. L., "Foreign Direct Investment Strategies by Developing Country Multinationals: A Diagnostic Model for Home Country Effects", *Global Strategy Journal*, Vol. 2, No. 3, 2012.

Martínez-Ruiz, Y., Manotas-Duque, D. F. and Ramírez-Malule, H., "Evaluation of Investment Projects in Photovoltaic Solar Energy Using the DNPV Methodology", *International Journal of Energy Economics and*

Policy, Vol. 11, No. 1, 2021.

Mazher, K. M., Chan, A. P., Zahoor, H., Khan, M. I. and Ameyaw, E. E., "Fuzzy Integral-Based Risk-Assessment Approach for Public-Private Partnership Infrastructure Projects", *Journal of Construction Engineering and Management*, Vol. 144, No. 12, 2018.

Medvedev, D., "Beyond Trade: The Impact of Preferential Trade Agreements on FDI Inflows", *World Development*, Vol. 40, No. 1, 2012.

Mehr, R. and Hedges, B., *Risk Management in the Business Enterprise*, Homewood, IL: Irwin, 1963.

Meyer, K. E. and Nguyen, H. V., "Foreign Investment Strategies and Sub-National Institutions in Emerging Markets: Evidence from Vietnam", *Journal of Management Studies*, Vol. 42, No. 1, 2005.

Mohamed, S., "Safety Climate in Construction Site Environments", *Journal of Construction Engineering Management*, Vol. 128, No. 5, 2002.

Naumann, E. and Lincoln, D. J., "Non-Tariff Barriers and Entry Strategy Alternatives: Strategic Marketing Implications", *Journal of Small Business Management*, Vol. 29, No. 2, 1991.

Nebus, J. and Rufin, C., "Extending the Bargaining Power Model: Explaining Bargaining Outcomes among Nations, MNEs, and NGOs", *Journal of International Business Studies*, Vol. 41, 2010.

Ng, A. and Loosemore, M., "Risk Allocation in the Private Provision of Public Infrastructure", *International Journal of Project Management*, Vol. 25, No. 1, 2007.

North, D. C., *Institutions, Institutional Change, and Economic Performance*, Cambridge University Press, 1990.

Nunally, J. and Bernstein, L., *Psychometric Theory*, New York: MacGrow-Hill Higher, 1994.

O'Neill, P., Clark, G. L., Dixon, A. D. and Monk, A. H., "Infrastructure Investment and the Management of Risk", in Clark, G. L., ed., *Managing Financial Risks: From Global to Local*, Oxford,

U. K.: Oxford University Press, 2009.

O'Brien, R. M., "A Caution Regarding Rules of Thumb for Variance Inflation Factors", *Quality Quantity*, Vol. 41, 2007.

Oetzel, J. M. and Oh, C. H., "Learning to Carry the Cat by the Tail: Firm Experience, Disasters, and Multinational Subsidiary Entry and Expansion", *Organization Science*, Vol. 25, No. 3, 2014.

Ogie, R. I., Holderness, T., Dunn, S. and Turpin, E., "Assessing the Vulnerability of Hydrological Infrastructure to Flood Damage in Coastal Cities of Developing Nations", *Computers, Environment Urban Systems*, Vol. 68, 2018.

Oliver, C. and Holzinger, I., "The Effectiveness of Strategic Political Management: A Dynamic Capabilities Framework", *Academy of Management Review*, Vol. 33, No. 2, 2008.

Opawole, A. and Jagboro, G. O., "Factors Affecting the Performance of Private Party in Concession-Based PPP Projects in Nigeria", *Journal of Engineering, Design and Technology*, Vol. 15, No. 1, 2017.

Osei-Kyei, R. and Chan, A. P., "Review of Studies on the Critical Success Factors for Public-Private Partnership (PPP) Projects from 1990 to 2013", *International Journal of Project Management*, Vol. 33, No. 6, 2015.

Osei-Kyei, R. and Chan, A. P., "Factors Attracting Private Sector Investments in Public-Private Partnerships in Developing Countries: A Survey of International Experts", *Journal of Financial Management of Property and Construction*, Vol. 22, No. 1, 2017a.

Osei-Kyei, R. and Chan, A. P., "Risk Assessment in Public-Private Partnership Infrastructure Projects: Empirical Comparison between Ghana and Hong Kong", *Construction Innovation*, Vol. 17, No. 2, 2017b.

Pallant, J., *SPSS Survival Manual: A Step by Step Guide to Data Analysis Using IBM SPSS*, London: Routledge, 2020.

Parker, D. and Saal, D. S., eds., *International Handbook on Priva-*

tization, Cheltenham UK: Edward Elgar Publishing Limited, 2003.

Patton, M. , *Qualitative Research and Evaluation Methods: Integrating Theory and Practice*, 4th edition, Thousand Oaks, CA: SAGE Publications, 2014.

Pfeffer, J. and Salancik, G. R. , *The External Control of Organizations: A Resource Dependence Perspective*, Stanford University Press, 2003.

Piyatrapoomi, N. , Kumar, A. and Setunge, S. , "Framework for Investment Decision-Making under Risk and Uncertainty for Infrastructure Asset Management", *Research in Transportation Economics*, Vol. 8, 2004.

Prus, P. and Sikora, M. , "The Impact of Transport Infrastructure on the Sustainable Development of the Region—Case Study", *Agriculture*, Vol. 11, No. 4, 2021.

Puck, J. F. , Rogers, H. and Mohr, A. T. , "Flying under the Radar: Foreign Firm Visibility and the Efficacy of Political Strategies in Emerging Economies", *International Business Review*, Vol. 22, No. 6, 2013.

Ramamurti, R. and Doh, J. P. , "Rethinking Foreign Infrastructure Investment in Developing Countries", *Journal of World Business*, Vol. 39, No. 2, 2004.

Raz, T. and Hillson, D. , "A Comparative Review of Risk Management Standards", *Risk Management*, Vol. 7, 2005.

Rebeiz, K. S. , "Public-Private Partnership Risk Factors in Emerging Countries: BOOT Illustrative Case Study", *Journal of Management in Engineering*, Vol. 28, No. 4, 2012.

Rugman, A. M. and Verbeke, A. , "A Note on the Transnational Solution and the Transaction Cost Theory of Multinational Strategic Management", *Journal of International Business Studies*, Vol. 23, 1992.

Sachs, T. and Tiong, R. , "Quantifying Qualitative Information on Risks: Development of the QQIR Method", *Journal of Construction Engineering and Management*, Vol. 135, No. 1, 2009.

Sachs, T. , Tiong, R. and Wang, S. , "Analysis of Political Risks and Opportunities in Public Private Partnerships (PPP) in China and Selected Asian Countries: Survey Results", *Chinese Management Studies*, Vol. 1, No. 2, 2007.

Sanchez - Cazorla, A., Alfalla - Luque, R. and Irimia - Dieguez, A. I., "Risk Identification in Megaprojects as a Crucial Phase of Risk Management: A Literature Review", *Project Management Journal*, Vol. 47, No. 6, 2016.

Sanni, A. O., "Factors Determining the Success of Public Private Partnership Projects in Nigeria", *Construction Economics and Building*, Vol. 16, No. 2, 2016.

Sastoque, L. M., Arboleda, C. A. and Ponz, J. L., "A Proposal for Risk Allocation in Social Infrastructure Projects Applying PPP in Colombia", *Procedia Engineering*, Vol. 145, 2016.

Savas, E. S., *Privatization and Public-Private Partnerships*, 2nd edition, New York: Chatham House Publishers, 2000.

Schaufelberger, J. E. and Wipadapisut, I., "Alternate Financing Strategies for Build-Operate-Transfer Projects", *Journal of Construction Engineering and Management*, Vol. 129, No. 2, 2003.

Scott, W. R., "The Adolescence of Institutional Theory", *Administrative Science Quarterly*, Vol. 32, No. 4, 1987.

Shaban, M., "The Assessment and Allocation of Public Private Partnership Risks in the UAE", Master Dissertation, American University of Sharjah, 2022.

Shah, R. and Batley, R., "Private-Sector Investment in Infrastructure: Rationale and Causality for Pro-Poor Impacts", *Development Policy Review*, Vol. 27, No. 4, 2009.

Shen, L., Lee, R. K. H. and Zhang, Z., "Application of BOT System for Infrastructure Projects in China", *Journal of Construction Engineering and Management*, Vol. 122, No. 4, 1996.

Shimbar, A. and Ebrahimi, S. B., "Political Risk and Valuation of

Renewable Energy Investments in Developing Countries", *Renewable Energy*, Vol. 145, 2020.

Slangen, A. H. and Van Tulder, R. J., "Cultural Distance, Political Risk, or Governance Quality? Towards a More Accurate Conceptualization and Measurement of External Uncertainty in Foreign Entry Mode Research", *International Business Review*, Vol. 18, No. 3, 2009.

Summers, T., "China's 'New Silk Roads': Sub-National Regions and Networks of Global Political Economy", *Third World Quarterly*, Vol. 37, No. 9, 2016.

Swaine, M. D., "Chinese Views and Commentary on the 'One Belt, One Road' Initiative", *China Leadership Monitor*, Vol. 47, No. 2, 2015.

Taghizadeh-Hesary, F., Yoshino, N., Rasoulinezhad, E. and Rimaud, C., "Power Purchase Agreements with Incremental Tariffs in Local Currency: An Innovative Green Finance Tool", *Global Finance Journal*, Vol. 50, 2021.

Tam, C. M., "Build-Operate-Transfer Model for Infrastructure Developments in Asia: Reasons for Successes and Failures", *International Journal of Project Management*, Vol. 17, No. 6, 1999.

Tan, J., "Infrastructure Privatisation: Oversold, Misunderstood and Inappropriate", *Development Policy Review*, Vol. 29, No. 1, 2011.

Trotter, P. A., Maconachie, R. and McManus, M. C., "Solar Energy's Potential to Mitigate Political Risks: The Case of an Optimised Africa-Wide Network", *Energy Policy*, Vol. 117, 2018.

Tsai, M.-C. and Su, C.-H., "Political Risk Assessment of Five East Asian Ports—The Viewpoints of Global Carriers", *Marine Policy*, Vol. 29, No. 4, 2005.

Turner, B. L., Kasperson, R. E., Matson, P. A., McCarthy, J. J., Corell, R. W., Christensen, L., Eckley, N., Kasperson, J. X., Luers, A. and Martello, M. L., "A Framework for Vulnerability Analysis in Sustainability Science", *Proceedings of the National Academy of*

Sciences, Vol. 100, No. 14, 2003.

Van Wyk, J., "Political Sources of International Business Risk: An Interdisciplinary Framework", *Journal of International Business Research*, Vol. 9, No. 1, 2010.

Voelker, C., Permana, A., Sachs, T. and Tiong, R., "Political Risk Perception in Indonesian Power Projects", *Journal of Financial Management of Property and Construction*, Vol. 13, No. 1, 2008.

Vogel, C. and O'Brien, K., "Vulnerability and Global Environmental Change: Rhetoric and Reality", *AVISO: An Information Bulletin on Global Environmental Change and Human Security*, No. 13, 2004.

Wallis, J. J. and North, D., "Measuring the Transaction Sector in the American Economy, 1870–1970", in Engerman, S. L. and Gallman, R. E., eds., *Long-Term Factors in American Economic Growth*, University of Chicago Press, 1986.

Wang, J. and Yuan, H., "Factors Affecting Contractors' Risk Attitudes in Construction Projects: Case Study from China", *International Journal of Project Management*, Vol. 29, No. 2, 2011.

Wang, S., Tiong, R., Ting, S. K. and Ashley, D., "Political Risks: Analysis of Key Contract Clauses in China's BOT Project", *Journal of Construction Engineering and Management*, Vol. 125, No. 3, 1999.

Wang, S., Tiong, R., Ting, S. K. and Ashley, D., "Evaluation and Management of Political Risks in China's BOT Projects", *Journal of Construction Engineering and Management*, Vol. 126, No. 3, 2000.

Wang, S. Q., Dulaimi, M. F. and Aguria, M. Y., "Risk Management Framework for Construction Projects in Developing Countries", *Construction Management and Economics*, Vol. 22, No. 3, 2004.

Williams, N. J., Jaramillo, P., Taneja, J. and Ustun, T. S., "Enabling Private Sector Investment in Microgrid-Based Rural Electrification in Developing Countries: A Review", *Renewable and Sustainable Energy Reviews*, Vol. 52, 2015.

Williams, T., "A Classified Bibliography of Recent Research Relating to Project Risk Management", *European Journal of Operational Research*, Vol. 85, No. 1, 1995.

Williamson, O. E., "Transaction Cost Economics: The Comparative Contracting Perspective", *Journal of Economic Behavior Organization*, Vol. 8, No. 4, 1987.

Williamson, O. E., "Transaction Cost Economics: The Natural Progression", *The American Economic Review*, Vol. 100, No. 3, 2010.

Witt, M. A. and Lewin, A. Y., "Outward Foreign Direct Investment as Escape Response to Home Country Institutional Constraints", *Journal of International Business Studies*, Vol. 38, 2007.

Wold, H., "Soft Modeling: The Basic Design and Some Extensions", in Jöreskog, K. G. and Wold, H., eds., *Systems under Indirect Observations: Causality, Structure, Prediction, Part II*, North-Holland Publishing Company, 1982.

World Bank, Methodology of PPI Database, retrieved from: https://ppi.worldbank.org/en/methodology/ppi-methodology, 2020.

World Bank, Private Participation in Infrastructure Database, retrieved from https://ppi.worldbank.org/en/ppi, 2023.

World Economic Forum, Global Competitiveness Report, retrieved from: https://www.weforum.org/publications/annual-report-2021-2022/, 2021.

Xia, F. and Song, F., "Evaluating the Economic Impact of Wind Power Development on Local Economies in China", *Energy Policy*, Vol. 110, 2017.

Yan, A. and Gray, B., "Negotiating Control and Achieving Performance in International Joint Ventures: A Conceptual Model", *Journal of International Management*, Vol. 7, No. 4, 2001.

Ye, S. and Tiong, R. L., "NPV-at-Risk Method in Infrastructure Project Investment Evaluation", *Journal of Construction Engineering and*

Management, Vol. 126, No. 3, 2000.

Yu, Y., Chan, A. P., Chen, C. and Darko, A., "Critical Risk Factors of Transnational Public-Private Partnership Projects: Literature Review", *Journal of Infrastructure Systems*, Vol. 24, No. 1, 2018.

Zavadskas, E. K., Vilutienė, T., Turskis, Z. and Šaparauskas, J., "Multi-Criteria Analysis of Projects' Performance in Construction", *Archives of Civil Mechanical Engineering*, Vol. 14, 2014.

Zhai, W., Ding, J. and Ding, L., "Investment Risk Grade Evaluation of New Town Construction PPP Projects: Perspective from Private Sector", *Journal of Urban Planning and Development*, Vol. 147, No. 2, 2021.

Zhang, H., "A Redefinition of the Project Risk Process: Using Vulnerability to Open up the Event-Consequence Link", *International Journal of Project Management*, Vol. 25, No. 7, 2007.

Zhang, J., Zhou, C. and Ebbers, H., "Completion of Chinese Overseas Acquisitions: Institutional Perspectives and Evidence", *International Business Review*, Vol. 20, No. 2, 2011.

Zhao, X., Hwang, B.-G., Pheng Low, S. and Wu, P., "Reducing Hindrances to Enterprise Risk Management Implementation in Construction Firms", *Journal of Construction Engineering Management*, Vol. 141, No. 3, 2015.

Zhao, Z. Y., Shen, L. Y. and Zuo, J., "Performance and Strategy of Chinese Contractors in the International Market", *Journal of Construction Engineering Management*, Vol. 135, No. 2, 2009.

Zou, P. X., Wang, S. and Fang, D., "A Life-Cycle Risk Management Framework for PPP Infrastructure Projects", *Journal of Financial Management of Property and Construction*, Vol. 13, No. 2, 2008.

Zou, P. X., Zhang, G. and Wang, J., "Understanding the Key Risks in Construction Projects in China", *International Journal of Project Management*, Vol. 25, No. 6, 2007.